Ilja Behnisch

Schick mich, ich bin schnell
Die besten Anekdoten aus dem Amateurfußball

Ilja Behnisch

Schick mich, ich bin schnell

Die besten Anekdoten aus dem Amateurfußball

VERLAG DIE WERKSTATT

Der Autor
Ilja Behnisch, 1980 in Potsdam geboren, hat Kunstgeschichte und Geschichte studiert und es trotzdem zum Redakteur der Magazine *NoSports* und *11FREUNDE* gebracht. Für das Magazin für Fußballkultur hat er über Jahre die Rubrik „Helden der Unterklasse" verfasst, die Woche für Woche den besten Anekdoten aus dem Amateurfußball nachspürte.

FSC
www.fsc.org
MIX
Papier aus ver-
antwortungsvollen
Quellen
FSC® C110508

Bibliografische Information der Deutschen Nationalbibliothek
Die Deutsche Nationalbibliothek verzeichnet diese Publikation
in der Deutschen Nationalbibliografie; detaillierte bibliografische Daten
sind im Internet über http://dnb.d-nb.de abrufbar.

Auch als E-Book erhältlich: ISBN 978-3-7307-0360-1

1. Auflage 2017
Copyright © 2017 Verlag Die Werkstatt GmbH
Lotzestraße 22a, D-37083 Göttingen
www.werkstatt-verlag.de
Alle Rechte vorbehalten.
Umschlaggestaltung: Lukas Niehaus
Coverfoto: Theodor Barth
Satz und Gestaltung: Die Werkstatt Medien-Produktion GmbH
Druck und Bindung: Westermann Druck Zwickau

ISBN 978-3-7307-0351-9

Inhalt

Dem Finanzamt Berlin
Pankow gewidmet

AUF DEM PLATZ

Es sind die unumstößlichen, selbstverständlichen Dinge, die uns am meisten beeindrucken, die wir am ehesten erinnern. Dinge, die einfach so sind, wie sie sind, die jeder kennt und erinnert, weil sie jeder selbst erlebt hat. Da sind die kleinen Dinge des Lebens. Als Kind: in Pfützen springen, die Einschulung, der Führerschein. Da sind die langweiligen Dinge des Lebens. Als Erwachsener: das Studium, der erste Job, der Renteneintritt. Und da sind die großen Dinge des Lebens: der erste Kuss, das erste Kind, der erste Ball.

Und wie zu allem, was das Leben, was den Menschen anbelangt, hat der Mensch sich unendlich schlaue Gedanken gemacht. Dann erklärt der Mensch dem Menschen, warum, weshalb, wieso die Dinge so sind, wie sie sind. Und erklärt zugleich auch, warum alle früheren Erklärungen nun nicht mehr stimmen und niemals stimmen konnten.

Wie langweilig. Wen interessiert schon, warum wir vom Ball so fasziniert sind? Wen interessiert schon, warum wir ganz instinktiv gegen ihn treten müssen? Nehmen wir es einfach hin und folgen den Geschichten, die daraus entstehen.

Da ist der Garten des Elternhauses, der Hinterhof der Mietwohnung oder der Spielplatz der Nachbarschaft. Da sind die zahllosen, die epischen Duelle gegen die Freunde, Klassenkameraden, die Jungs von der anderen Straßenseite und die älteren Brüder. Wenn mit einem körperlichen Einsatz gespielt wird, als wären das nicht die letzten Minuten, bis die Eltern zum Abendessen rufen, sondern die letzten Minuten eines Lebens. Als wäre dies eben nicht der Garten, der Hinterhof oder der Spielplatz, sondern das Kolosseum in Rom. Gladiatoren unter sich.

Und wenn mal niemand da ist, mit dem man sich messen kann, greift die unendliche Weite der eigenen Fantasie. Dann wird die Hollywoodschaukel, wird das Garagentor oder der zwischen Rucksack und Jacke abgesteckte Platz auf der nächstbesten Wiese zum Tor von Wembley, des Maracanãs oder im Olympiastadion. Dann werden in der letzten Minute der Nachspielzeit fantastische Freistöße in den Winkel gezaubert. Und wenn der erste Versuch nicht sitzt, ist jemand aus der fiktiven Mauer des Gegners zu früh herausgelaufen, klar.

Tag für Tag werden so Welt- und Europameister, Champions-League-Sieger und Weltfußballer geboren. Immer und immer wieder. Weiter und immer weiter. Millionenfach und zeitgleich, rund um den Erdball. Und wenn die Eltern dann aber mit wirklich letztem Nachdruck ermahnen, dass es jetzt endgültig genug sei, und wenn das Licht auch wirklich nicht mehr reicht, auch nur irgendwas zu erkennen, träumen sie sich weg, die Helden ihrer Tage, die vermeintlichen Volkshelden der Zukunft. Morgen ist ein neues Spiel, ein neues Finale, eine neue, letzte Minute der Nachspielzeit, in der der Zauber von Neuem die Welt erblickt.

So geht es weiter, immer weiter, über jede kindliche Begeisterung hinaus. Das mit dem Heldentum relativiert sich irgendwann von selbst. Helden werden trotzdem weiterhin geboren, ohne Unterlass, Wochenende für Wochenende. Dem Amateurfußball sei Dank.

Alles eine Frage der Perspektive. Das entscheidende Tor in der Nachspielzeit bleibt das entscheidende Tor in der Nachspielzeit. Ob nun im Kreisklassen-Derby gegen das so verhasste Nachbardorf oder im WM-Finale. Das Glück des Moments, das Glück des Helden ist dasselbe. Ob nun 700 Zuschauer live dabei sind, oder 700 Millionen – egal.

Es ist die Leidenschaft, die die Größe einer Geschichte bestimmt, nicht die Größe ihres Rahmens. Und während die, deren Kindheitstraum vom Profi tatsächlich in Erfüllung gegangen ist, ihre Leidenschaft immer mal wieder gekonnt kaschieren und von Zeit zu Zeit den faden Eindruck hinterlassen, das Spiel nur deshalb zu spielen, weil sie dafür bezahlt werden, ist sie bei denen, die dafür verdammt noch mal im Zweifel sogar noch draufzahlen, umso größer.

Und so sind auch ihre Geschichten ebenfalls umso größer, da sie die Dinge tun, weil sie sie für selbstverständlich halten. Weil sie nicht hinterfragen, warum sie etwas tun. Weil sie das Spiel aus den besten Gründen spielen – einfach nur so.

Schwein gehabt

Es ist doch so: Woche für Woche funktionieren wir brav. Wir lächeln nett und heucheln Verständnis, wenn uns der Chef mal wieder erklärt, warum wir etwas falsch gemacht hätten. Dabei versteht er nur nicht, dass die Dinge nicht unbedingt falsch sein müssen, nur weil man sie nicht so macht, wie er das will.

Wir machen den Abwasch und bringen den Müll raus, weil unsere Frauen das so wollen. Als würde sich Porzellan in Staub auflösen, wenn man es länger als zwei Stunden mit Speiseresten zugedeckt in der Spüle stehen lässt. Als würde aus Müll außerhalb des eigenen Haushalts irgendetwas anderes sein als – Müll.

Wir brodeln still in uns hinein, wenn der Typ an der Supermarktkasse mal wieder vollkommen überrascht davon zu sein scheint, dass er auch diesmal bezahlen muss. Dann kramt er eine halbe Ewigkeit durch seine tausend Sachen nach der Geldbörse, und dann reicht das Bargeld nicht und er bezahlt mit der EC-Karte, die er aber natürlich nicht in der Geldbörse hat, sondern in diesem Extrafach seines Rucksacks, wegen der Sicherheit und so, aber welches Extrafach der vielen Extrafächer das nun genau ist, das muss man auch erst mal herausfinden. Und statt dem Typen mal ordentlich die Meinung zu geigen, sagen wir »schon okay«, wenn er sich zu uns umdreht und einfach nur »sorry« sagt.

Beim Fußball ist das zum Glück alles anders. Denn der Fußball ist vieles, und vieles davon ist wunderbar, und unter anderem ist der Fußball auch zum Fluchen da. Dann öffnen wir die Druckventile, und alles entweicht, der ganze Stress, die ganze Wut der Woche. Ein Klassiker des Fußball-Fluchens ist der Ausflug ins Tierreich. Besonders beliebt dabei:

So ziemlich jeder Verweis darauf, dass so quasi alle, die auch nur entfernt etwas mit dem gegnerischen Team zu tun haben, eine Verwandtschaft zum gemeinen Schwein besitzen.

Anders verhielt es sich einst im Thüringischen. Schließlich waren es da tatsächlich (Wild-)Schweine, die während der Partie des SV Diamantene Aue Ringleben gegen die SG Seehausen auf den Platz liefen und Leib und Leben in Gefahr zu bringen drohten. Auslöser der Aufregung war eine sogenannte »Drückjagd«, die die örtlichen Jäger zeitgleich zur Partie veranstalteten und in deren Folge vereinzelte Tiere in vollkommen unvorhergesehene Richtungen und eben auch auf den örtlichen Fußballplatz liefen. Kein Problem für die Jäger, dachten sich die Jäger, ballerten das Wildvieh gleich auf dem Platz über den Haufen und sprachen hinterher im heroischen Duktus ihrer Profession von »Gefahrenabwehr«. Die Jagdbehörde wiederum sprach von »äußerst unglücklichen Umständen«. Die Fanlager beider Seiten waren sich einig: Schwein gehabt.

Freiwillig mit einem Mann weniger

Gäbe es eine »Fairplay-Medaille in Schluchz«, sie ginge unter anderem an den SSV Markranstädt II, dessen Trainer in einem Spiel beim SV Süptitz freiwillig einen Mann vom Feld nahm. Und das alles nur, um den ersatzgeschwächten Gastgebern die Selbsteinwechslung ihres Trainers zu ersparen.

»Ich habe mitgekriegt, dass sich der Kollege für eine Einwechslung bereit macht. Wir kennen uns schon länger und ich dachte mir, es muss nicht sein, dass er im fortgeschrittenen Alter noch seine Knochen hinhalten muss«, erklärte Markranstädts Übungsleiter hinterher und auch, dass der Spieler, der den Platz im Sinne des Fairplay verlassen musste, die »Entscheidung mitgetragen habe«.

Klingt ein bisschen so, als würde die Bankangestellte, während sie in den Lauf einer Pistole blickt und eifrig alles Bargeld, das die Kassen hergeben, in eine Plastiktüte verpackt, die Entscheidung des Bankräubers »mittragen«, sich jetzt mal eben auf die bequem-brutale Art und Weise in Richtung Altersvorsorge zu orientieren. Ganz abgesehen davon, dass man sich als Sportler, und sei es als Trainer, der wohl aus guten Gründen überlegt, sich selbst einzuwechseln, von niemandem sagen lassen möchte, es sei doch besser, die eigenen Knochen zu schonen. Was wiederum so wäre, als würde die Bankangestellte dem Bankräuber die Waffe abnehmen und sich selbst damit bedrohen, weil ihm, dem Kriminellen, die Nervosität doch anzusehen sei. Wo bleibt da noch der Stolz auf das Erreichte? Und kommt Qualität nicht von quälen?

Den Sieg nahmen die Markranstädter übrigens trotzdem mit. Fairplay heißt schließlich nicht Selbstaufgabe.

Erfolgs-Flüchtlinge

Einst fand der FC Eschwege in die Saison wie ein Nacktmull zum Mond: gar nicht. Schnell setzte sich der Klub nach unten ab und am Tabellenende fest. Es passierte, was passiert, wenn Menschen mit dem Elend konfrontiert werden, wenn das Ego auf Tauchstation geht. Der Trend fraß seine Täter und hinterließ Spuren: Spieler um Spieler kehrten der Mannschaft den Rücken. Die, die bis eben noch zusammen verloren hatten, wollten plötzlich nicht mehr mit Verlierern zusammenspielen. Und also irgendwie nicht mit sich selbst. Bald schon stand der gesamte Verein auf der Kippe. Ohne Mannschaft lässt sich auch in Eschwege kein Fußball spielen.

Doch dann zeigte der Fußball, was er neben all dem Erfolgsstreben und der puren Freude am Spiel im besten Fall vor allem auch sein kann: eine integrative Kraft, die im Zusammenschluss viel mehr ist als die Summe ihrer einzelnen Teile.

Und so klingelte im Herbst der Katastrophensaison beim sportlichen Leiter des FC Eschwege das Telefon. Ob nicht zwei, drei aus Afrika stammende Flüchtlinge bei ihm trainieren könnten, fragten sie ihn und stießen nicht nur wegen der ohnehin prekären Lage des Klubs auf offene Ohren. Am Ende kamen 17 Mann.

Die belebten nicht nur den Verein wieder, sondern brachten zudem auch sportlich alles wieder auf die Reihe. Zwischenzeitlich spielte sich die Truppe sogar in einen regelrechten Rausch, der die Mannschaft zum Abschluss der Saison bis auf den zweiten Platz der Kreisliga C hievte. In den Aufstiegs-Play-offs war dann zwar Endstation. Aber es ist wie immer, wie bei jedem guten Märchen – wenn es zu kitschig wird, glaubt es hinterher wieder kein Mensch.

Oh, Na, Nie

Fußball, mächtige Kraft. Bringt Menschen zusammen. In einer Mannschaft, in einem Verein, im gesamten Land, wenn zum Beispiel Welt- und Kontinentalmeisterschaften rufen. Fußball, mächtige Kraft. Bringt Menschen in Aufregung. Weil der Trainer ein Blinder ist, weil der Schiedsrichter ein Blinder ist, weil der Stürmer ein Blinder ist. Fußball, mächtige Kraft. Schafft es sogar, den ansonsten so beschaulichen Schwarzwald in Aufregung zu versetzen.

Wie bei einem Spiel zwischen dem FC Viktoria Peterzell und dem FC Mönchweiler. Ein zähes Ringen auf Augenhöhe, es geht ordentlich zur Sache. Als Peterzells Stürmer Kevin H. dann in der 72. und 75. Minute trotz Unterzahl für die Entscheidung sorgt und zum sicheren Sieg trifft, gibt es kein Halten mehr. Emotionen, wo man schwer beschreiben kann, wie es der dortige Volksmund im ihm eigenen Anfall grammatikalischer Glücksüberforderung wohl sagen würde. Matchwinner H. versuchte sich schließlich trotzdem. Fußballgottseidank.

Im Spielbericht des Schiedsrichters liest sich das wie folgt: »In der 75. Spielminute ereignete sich folgender Sachverhalt: Der Spieler H. ließ sich, unmittelbar nachdem er das Tor zum 3:1 erzielt hat, im Torraum des FC Mönchweiler zu einer obszönen Geste verleiten. Er drehte sich in Richtung der Zuschauer, fasste sich in den Schritt und tat so, als würde er onanieren. Ich hatte freie Sicht auf den Spieler und verwies ihn mit der Roten Karte des Feldes. Spielfortsetzung: Anstoß für FC Mönchweiler.«

Abgewichste Entscheidung.

Wobei sich schlussendlich die Frage stellt, was denn nun das eigentliche Vergehen war, was genau dem Regelwerk widersprach? Was zum Beispiel wäre passiert, wäre es nicht nur bei einer Geste geblieben? Was wäre passiert, hätte sich der vom Glück übermannte Siegtorschütze seiner Hose entledigt und Hand angelegt, an sein, nun ja, nach dem Fuß, zweitbestes Stück? Wäre das ein den Regeln entsprechendes Verhalten gewesen und war der Platzverweis also nur deshalb zwangsläufig, weil die Masturbation quasi nur simuliert wurde, was, wie ja bekannt ist, im Fußball wirklich keinen Platz hat. Also das Simulieren. In Sachen Masturbation besteht noch Regelbedarf.

Der Bürgermeister
als Joker

Politiker und Fußball – das ist in der Regel ein einziges Ärgernis. Da wechseln die Fanschals zuweilen häufiger als die eigene Meinung zur Steuerpolitik. Da sind Abgeordnete und Minister an einem Wochenende noch eingefleischte Anhänger dieses einen, dieses »ganz besonderen« Vereins, nur um am folgenden Spieltag kalt lächelnd auf der Ehrentribüne des ewigen Erzrivalen aufzutauchen. Purer Zufall auch, dass die Anzahl der Stadionbesuche zunimmt, je näher die Wahl rückt. Und hier, der Dingens, sagt der Abgeordnete und Minister dann zu seinem persönlichen Referenten, hier, der Dingens, sag mal schnell, der war doch mein Lieblingsstürmer, damals, in meiner Jugend, als wir verrückten Jungens immer nur eines im Kopf hatten – pöhlen natürlich. Ach, wie, der Dingens war gar kein Stürmer? Und hieß gar nicht Karl-Heinz mit Vornamen, weil Karl-Heinz Dingens war ein Eiskunstläufer? Ja gut, aber die Meisterschaft damals, das war noch was. Da zählte Kameradschaft noch was, und das wäre ja auch genau das, wofür er, der Herr Abgeordnete und Minister stehen würde. Mit seinem Namen. Klar.

Doch es geht auch anders.

In Sankt Martin, Landkreis Südliche Weinstraße, Verbandsgemeinde Maikammer, ist die Welt nämlich noch in Ordnung. Ein malerisch gelegener Luftkurort, eine verschworene Gemeinschaft und ein Fußballverein, der alles tut, seine Heimat würdevoll zu vertreten. Klar, dass der Bürgermeister mit gutem Beispiel vorangeht und auch im Klub, dem TuS St. Martin, Verantwortung übernimmt.

Wie etwa in einem Spiel gegen die dritte Mannschaft der TSG Deidesheim. Ein Spiel mit enormen Schwierigkeiten, sich für eine Richtung zu entscheiden, wie auch der Herr Bürgermeister erkannte. Prompt ließ er sich einwechseln und erzielte eine Minute später den erlösenden Siegtreffer. So sorgt man für gute Umfragewerte!

Raus und rein

Ein wesentlicher Garant für erfolgreichen Fußball ist die gute, alte Effizienz. Denn was nutzt es der heiß und innig geliebten Lieblingsmannschaft, und sei es die, in der man selbst kickt, wenn sie von Spiel zu Spiel ungezählte Chancen herausspielt und keine davon nutzt? Was nutzt es, wenn die Abseitsfalle im Gegenzug zu 90 Prozent perfekt funktioniert, nur eben dieses eine von zehn Malen eben nicht? Was nutzen mehr Ballbesitz, mehr gewonnene Zweikämpfe und mehr Eckbälle, wenn der Gegner am Ende der 90 und mehr Minuten schlicht und ergreifend ein Tor mehr erzielt hat?

Vier Tore in 45 Minuten – keine schlechte Quote, dachte sich dann auch Rafael K. vom SPV 05 Nürtingen und ließ sich beim Halbzeitstand von 4:2 aus dem Spiel nehmen. Chronische Knieprobleme plagen ihn, da will jede Einsatzminute mit Bedacht gewählt werden. Doch die Heimmannschaft des TSV Ötlingen kämpfte sich zurück in das Spiel, erzielte in der 64. Minute den Ausgleich. Zum Glück sind erneute Einwechslungen erlaubt, in der Kreisliga B, Neckar-Fils. Und so betrat K. in der 66. Minute erneut den Rasen, nur um zwischen der 71. und 81. Minute drei weitere Treffer folgen zu lassen. Am Ende standen sieben Tore in 55 Minuten auf der Stechuhr.

Noch effizienter wäre er nur noch gewesen, hätte er mit seiner erneuten Einwechslung noch fünf Minuten gewartet. Doch Effizienz ist zwar eine Wissenschaft für sich, nur eben trotzdem wahnsinnig schlecht vorherzusagen.

Dr. Megavolt

Mit Spitznamen ist es eigentlich ganz einfach: Entweder man hat oder hasst sie. Lulatsch, Brillenschlange, Körperklaus zum Beispiel – nicht so geil. Dann gibt es noch die eher beschreibenden Spitznamen, die irgendwo zwischen »Ach ja« und »Egal« angesiedelt sind: Weizen-Peter, Piano-Klaus oder Leder-Uschi. Und schließlich die Sorte Spitznamen, die man sich redlich verdient hat. Nicht dadurch, dass man irgendwie aussieht oder irgendwas besonders gern macht. Sondern dadurch, dass man besonders ist. Anders als alle anderen, anders als wir, die als Durchschnitt ausmachen, was als normal gilt. Gerade auch im Fußball.

Michael Ballack ist auf ewig der »Capitano«. Jürgen Kohler der »Kokser«. Und André W. ist »Dr. Megavolt«.

Ein Samstag im November, irgendwo in Arnsberg, dieser verwegenen Sauerland-Metropole. W., Torwart der zweiten Mannschaft des örtlichen Deutsche Jugendkraft Grün-Weiß, handwerkelt im Haus umher. Dann trifft ihn der Schlag. Wortwörtlich. Beim Versuch, Fußleisten anzubringen, rutscht er ab und durchtrennt mit dem Teppichmesser ein Verlängerungskabel. Das Haus ist alt, die Sicherung springt nicht sofort heraus und W. hängt satte fünf Sekunden am Strom, ehe er endlich zurückgeworfen wird. Die Muskeln krampfen, und für eine kleine Ewigkeit ist er von Sinnen wie Oliver Kahn im »Weiter, immer weiter Beast-Mode«, kurz vor dem Endgegner.

Seine Frau fährt ihn schließlich ins Krankenhaus, wo gute Nachrichten folgen: nichts passiert, noch mal gut gegangen. Doch zur Sicherheit soll W. und zur Beobachtung für 24 Stunden vor Ort bleiben. Die Ärzte wollen für den Fall eines verzögerten Herzinfarktes gewappnet sein.

Unmöglich, denkt sich der Patient, schließlich steht am nächsten Tag das Kreisligaderby gegen den Nachbarn und Erzrivalen vom FC Neheim-Erlenbruch II an. Und so spricht er vier Stunden vor Ende der Schonfrist immer und immer wieder auf den Chefarzt ein: »Ich muss hier raus.« Der hat irgendwann ein Einsehen: »Sieh zu, dass du zu deinem Spiel kommst.«

W. eilt zum Stadion, eilt in die Kabine und zu seinen Jungs, die ihren Torwart mit Applaus und einem Spitznamen für die Ewigkeit begrüßen: Dr. Megavolt. Das Spiel endet mit 5:1. Wie sich das Gegentor erklärt? Vermutlich Spannungsabfall.

Spielabbruch wegen

Sexorgie

Es gibt Fußballplätze, die sind besonders, weil sie besonders gelegen sind. Auf 5.000 Metern über dem Meeresspiegel, mitten im Wasser, quasi als eigene Insel, oder in Felsen gesprengt. Und es gibt Fußballplätze, die sind besonders, weil sie besonders schlecht gelegen sind. Aus der Reihe »Ungünstige Orte für einen Fußballplatz«: Embrach in der Schweiz. Eine Gemeinde im Norden von Zürich, ganz viel Natur, wenig Trubel. Gilt auch für den Fußballplatz des heimischen FC, der zwischen einem Biotop und einem Waldstück liegt. Für die örtlichen Frösche ist der Fußballplatz da nichts weiter als eine Transitstrecke zwischen den Welten. Denn offenbar bevorzugen die Tierchen die kuschelige Abgeschiedenheit des Waldes, um sich der Paarung hinzugeben.

Nur sind es in der Regel ein paar wenige Tiere, die sich auf den Fußballplatz verirren. Doch auch Frösche brauchen offenbar ab und an ein bisschen Abwechslung in ihrem Liebesspiel. Bei einem Altherrenspiel zwischen dem FC Embrach und dem Gast aus Räterschen kam es daher zu Beginn der zweiten Halbzeit zu einem regelrechten Frösche-Platzsturm.

Von jeder Schüchternheit befreit, quakten und sprangen die Amphibien in tierischer Geilheit auf den Platz, füllten ihre Schallblasen, die eigens für den Paarungsruf vorhanden sind, gingen voran, gnadenlos getrieben vom Wunsch zu laichen und zielstrebiger als jeder Stürmer, der je über diesen Platz pflügte, im Sinn, endlich zum Abschluss zu kommen.

»Anfänglich hüpften nur ein paar Frösche vom nahegelegenen Biotop auf das Feld«, sagte Embrachs Vizepräsident hernach. »Kurz nach Beginn der zweiten Halbzeit, beim Spielstand von 2:2, änderte sich das dann aber dramatisch. Es war unmöglich weiterzuspielen, weil der Platz voll mit Fröschen war.«

Das Spiel wurde somit kurz nach Anpfiff der zweiten Halbzeit beendet und verlegt. Von einem Stadionverbot für die Frösche ist nichts bekannt.

Von der **Champions League** in die **Kreisklasse**

Der Amateurfußball ist nicht nur der Unterbau, das Fundament für die Träume von der großen Profikarriere, nicht nur das Rückgrat aller nationalen Dachverbände, sondern auch bester Freund und Therapeut. Für jene, die nur im Fußball ganz bei sich sind und ansonsten von Zeit zu Zeit aus allen Rahmen springen. Für jene, die mit den Begleiterscheinungen des höherklassigen Fußballs nicht immer einverstanden sind, die einfach nur wieder entdecken wollen, warum sie einst angefangen haben damit, gegen den Ball zu treten.

Im Spätherbst seiner Karriere hatte etwa Ex-Bayern-Profi Christian Lell mehr mit Boulevardgeschichten als auf dem Platz auf sich aufmerksam gemacht. Und schon stand der Amateurfußball zur Rettung bereit und nahm sich des ehemaligen U21-Nationalspielers an, da der seinerzeit vereinslose 31-Jährige im Urlaub auf Ibiza den richtigen Leuten über den Weg lief und sich beschallern ließ, die Töppen zukünftig für den TSV Weyarn in der 2. Kreisklasse Zugspitze zu schnüren.

Ein Riesencoup für den kleinen Verein, der sich nicht nur über einen gesteigerten Bekanntheitsgrad freuen durfte, weil dann ja doch wieder über Christian Lell berichtet wurde, sondern auch darüber, zukünftig einen Spieler in seinen Reihen zu wissen, der »eigentlich überall spielen kann«, wie es bei seiner Vorstellung von Vereinsseite hieß. Davon war wohl auszugehen, schließlich hat Lell stolze 119-mal in der Bundesliga und immerhin zehnmal in der Champions League gespielt.

So freute sich der Ex-Profi, einfach mal wieder nur Fußball zu spielen. Und so freute sich die Mannschaft, bald auf ein neues Level gehoben zu werden vom so begabten, neuen Mitspieler, von ihm mitgezogen zu werden, auf dass sie selbst neue Gipfel erstürmen würden. Seine Unterschrift allein allerdings versetzte noch keine Berge. Ganz im Gegenteil. Im ersten Spiel nach der Lell-Verpflichtung setzte es gleich mal die erste Saisonniederlage – mit 0:7 ging das Heimspiel gegen den TSV Brunnthal verloren. Lell. Verzeihung: LOL.

Mit dem neuen Heilsbringer lief es mit der Zeit aber besser. Vier Spiele, zwei Siege und zwei Unentschieden standen am Ende seines kurzen Gastspiels zu Buche – Tor und Torvorlage sowie eine Gelbe Karte inklusive. Dann hatte er plötzlich genug, der Lell, Schocktherapie abgeschlossen. Und so kümmerte er sich lieber wieder darum, Boulevard-Zeitungsgeschichten zu dementieren. Sie hatten recht in Weyarn: Er kann halt überall spielen.

Flitzer der Massen

Der Großraum Göttingen, das ist in Sachen Fußball eine Art Bermudadreieck des Erfolgs. Lothar Sippel und Maximilian Beister wurden hier geboren. Ansonsten gilt: Der große Fußball, das ist immer anderswo. Und trotzdem überraschte das Ergebnis der Wahl zum »Lieblingsspieler der Region« 2016, da der Sieger Onkel Günther hieß.

Das ist nicht etwa einer dieser zu bedauernden Brasilianer, deren Eltern im Namensfindungswahnsinn einen über die eigenen, gesunden Sinne entschieden hatten, kein Leidensgenosse von Kickern wie Bismarck, Creedence Clearwater Couto oder Overath Breitner. Onkel Günther ist an sich ein gewöhnlicher Fan. An sich. Etwas Besonderes ist ihm dann doch zu eigen.

Denn Onkel Günther hatte sich dereinst in der 90. Minute eines Spiels in der Oberliga Niedersachsen, einem Auswärtsspiel seines 1. SC Göttingen 05 beim SSV Jeddeloh II, aufs Feld geschlichen. Der Rest wurde zur preisgekrönten Legende. Warum, erklärt der Geehrte am besten selbst:

»Fabi bediente mich mit einer nahezu genialen Steilvorlage, und ich erinnerte mich an meine große Fußballerzeit in der F2 beim RSV Achtum, bevor Wein, Weib und Gesang meine Karriere früh zerstörten. Eine Ballbehandlung wie der junge Netzer, technisch perfekt wie Garrincha, zog ich in den Kampf gegen Jeddeloh II, die Ungerechtigkeit des Lebens und mich. Ein Schuss, ein Tor, der Günther! Da ist das Ding, der Rest war Jubel!«

So beschrieb es der Preisträger im »Göttinger Tageblatt«. In der dortigen Lobhudelei auf »Onkel Günther« war übrigens auch zu lesen, dass er sich einst schon einmal als Torschütze versuchte – und scheiterte. Aber »Lieblingsspieler der Region« wird man nicht, indem man seinen Traum nach einem gescheiterten Versuch zu den Akten legt.

Den Sieg weggespült

Es gibt Dinge, die gehören zum Fußballschauen wie Ernie zu Bert, wie Batman zu Robin oder wie Dick zu Doof. Bratwürste zum Beispiel. Oder Bier. Vor allem Bier. Bier geht immer. Vor dem Spiel, während des Spiels, nach dem Spiel. Denn auch das ist ja das Schöne am Fußball: Es gibt immer einen Grund für Bier, und zumeist dafür, auch mal über den Durst die Luft aus dem Glas zu lassen.

Zumal Bier, machen wir uns nichts vor, nicht nur verdammt lecker, sondern auch ein ganz wunderbarer Schleusenöffner ist. Bier hilft, aus sich herauszugehen. Bier hilft, sich von eben jener Seite zu zeigen, die irgendwie auch zu einem gehört, die nur im Alltag meist still sein muss. Weil man zwar immer alles denken darf, aber nicht immer alles sagen. Für Bedenkenträger mag das primitiv klingen. Dabei ist es nichts weiter als Turbo-Katharsis. Und auch nach den Spielen verfügt Bier über den reinen Geschmackseffekt hinaus eine Funktionszulage.

Verliert die Mannschaft des Herzens, muss der Frust weggespült werden. Gewinnt die Mannschaft des Herzens, muss der Sieg gefeiert werden. Bei Unentschieden gilt es, operativ zu entscheiden. Notfalls ist allein das allerdings Grund genug, sich einen hinter die Binde zu kippen. Wer entscheidet sich schon gern?

Auch bei den Spielern eher unbeliebt: Niederlagen. Die zumeist auch schwer zu akzeptieren sind. Ein bisschen leichter geht's allerdings, wenn man zumindest weiß, weshalb und woran man gescheitert ist. Insofern darf man sich die Jungs des ASC Schöppingen aus der Kreisliga A, Ahaus, als Optimisten denken. Und als schonungslose Verfechter der Wahrheit. Denn deren 2:4-Niederlage beim ASV Ellewick-Crosewick war schnell erklärt:

»Dieses Spiel haben wir gestern Abend verloren. Gerade in der Schlussphase hat jedes Bier zu viel richtig wehgetan«, sagte Trainer Simon A. und fügte angesichts von vier Gegentoren in den letzten 17 Minuten des Spiels an: »Wir wissen, woran es liegt.«

Immerhin kein Filmriss.

Unfaire Sieger

Fairplay. Klingt gut. Wer will denn nicht als edler Sportsmann gelten? Wer will nicht alles in Grund und Boden dominieren und dabei ganz ohne Regelverstoß auskommen? Denn wer es nicht nötig hat, die Regeln zu brechen, zeigt Stärke. Wer im Gegensatz darauf angewiesen ist, gegen die Regeln zu handeln, hat schlicht und einfach nicht das Rüstzeug, das Spiel im Sinne seiner Erfinder zu betreiben. Oder kurzum: Die Gelbe Karte sieht nur, wer nicht hinterherkommt, niemals der, der den Ball durch sauberes Stellungsspiel und geschicktes Tackling gewonnen hat. Es sei denn, die Verbände dieser Welt beschließen irgendwann einmal die Gelbe Karte wegen geil. Bis dahin bleibt das Foulspiel ein Zeichen von Schwäche.

Und wer beständig in Unterzahl spielt, wird es auf Dauer schwer haben, siegreich zu sein. Will man meinen. Doch die zweite Mannschaft des DJK München Pasing belehrte die Welt und die Kreisklasse 3, München, einst eines Besseren und stand als Aufsteiger und mit elf Punkten nach neun Spieltagen ganz passabel da – dafür, dass man in diesen neun Spielen glatte sieben Platzverweise kassiert hatte. Frei nach der guten, alten Pasinger Weisheit: Zehn Freunde müsst ihr sein.

Und ein Platzverweis.

Ich bin dann mal weg

Es gibt diese Momente, in denen man einfach nur noch weg will. Wenn man beim Kaffekränzchen bei den Schwiegereltern ohne Absicht ins Fettnäpfchen getreten ist, weil man sich über die hässliche Skulptur in Nachbars Garten lustig gemacht hat, natürlich ganz ohne zu ahnen, dass besagtes Kunstwerk aus den motivierten, in ungezählten Volkshochschulkurs-Stunden geschulten Händen der Schwiegermutter in spe stammt und ihren Selbstfindungsprozess als Frau beschreibt.

Wenn man in der Uni und vor dem bis auf den letzten Platz gefüllten Seminar ein Referat hält und stolz dieses eine Fremdwort benutzt, von dem man sich eigentlich immer ganz sicher war, zu wissen, was es bedeutet, nur um jetzt, vor den Freunden und dieser einen, der schönsten Kommilitonin ausgerechnet vom beisitzenden Professor zu erfahren, dass eben jenes Fremdwort leider eine ganz andere Bedeutung habe und eher in der Intimhygiene zu verorten sei und nicht etwa im gesellschaftlichen Kontext königlicher Herrschaftshäuser des Mittelalters.

Aber Größe zeigt man ja generell selten, wenn alles in Richtung Jackpot läuft. Größe zeigt man im Angesicht der Niederlage. Wenn einem der Sturm durch den vermeintlich schützenden Schirm Hagelkörner ins Gesicht schleudert. Wenn einem der Kuckuck für die Zwangsräumung schon an der Stirn klebt. Oder wenn man zur Halbzeit mit 1:6 zurückliegt und einfach keinen Bock mehr hat, sich für die »Flaschen leer« vor sich in den Dreck zu werfen. Insofern: Halleluja, Chris D., Torwart und Kapitän des SC Rot-Weiss Singen.

Der hatte im Spiel der Kreisliga B, Bodensee, gegen den FC Öhningen-Gaienhofen bereits nach 45 Minuten genug gesehen, seine Sachen und die Siebenmeilenstiefel gepackt und sich Richtung schützender vier Wände verabschiedet. Blöd für die Mannschaftskameraden, dass die angesichts des spielerischen Offenbarungseides zu dem Zeitpunkt bereits dreimal gewechselt hatten und den Rest der Partie zu zehnt bestreiten mussten. Aber wer Zeichen setzen will, muss Kollateralschäden einfach in Kauf nehmen. Denn Größe zeigt man auch, indem man einfach nur mal eben sagt: Macht euren Scheiß doch alleine! Wenn man einfach nur noch weg will, und dann einfach nur noch weg ist.

Die goldene
Klobürste

Floskeln genießen zuweilen einen eher zweifelhaften Ruf. Oftmals zu Unrecht! Denn Floskeln sind am Ende aller Lebenserfahrung doch zumeist nichts anderes als Kurzformeln tradierter und bewährter Muster. So auch im Fußball. Wenn Trainer vor Spielen darauf hinweisen, ihre Mannschaft müsse vor dem Duell gegen den »sehr, sehr starken Gegner« aber wirklich mal »alles raushauen«, dann ist das eine Floskel, aber eben auch: die Wahrheit.

Und so ist es ist eine der größten Binsenweisheiten des Fußballs und doch stets aufs Neue aktuell: Haste Scheiße am Fuß, haste Scheiße am Fuß. In diesem Sinne geht eine »Goldene Klobürste« zur Karmareinigung an Jonas A., Innenverteidiger des TSV Künzell II aus der Kreisoberliga Fulda Mitte. Dessen Bewerbungsschreiben so knapp wie überzeugend war. Denn im Spiel gegen die SG Steinau 08 gelangen dem Preisträger mal eben saftige drei Eigentore. In einer Halbzeit. Bei einem Endstand von 1:3. Da bleiben keine Wünsche offen.

A. nahm es gelassen und ließ verlauten: »Ich stand dann auf dem Platz und musste selbst erst einmal lachen. Wenn ich da nicht drüber schmunzeln würde, könnte ich mit dem Fußballspielen aufhören.« Ein wenig wurmte ihn das Geschehene dann aber doch. Denn zu diesem Zeitpunkt stand er insgesamt bei vier Eigen- und zwei »regulären« Toren, so dass das Ziel klar und eindeutig umrissen war: »Also auf die Null muss ich noch kommen.« Was man so sagt als Sieger der »Goldenen Klobürste«. Und was ihm dann auch gelungen ist.

Man muss eben nur dran glauben, dann belohnt einen der Fußballgott irgendwann ganz automatisch. Was keine Floskel ist. Sondern ein Naturgesetz.

Dings-
Bums

Aus der Reihe »Wahnsinnig primitiv, also sehr, aber irgendwie, kann man sich jetzt auch nicht helfen, manchmal ist es dann eben doch sehr, sehr lustig« hier eine Wortmeldung zu einem Liveticker leider unbekannten Ursprungs:

»76. Minute: Tor durch Bastian K.: Gepusht durch die Anwesenheit seiner Perle bumst er die Kugel in das Loch.«

Oh, du schöner
Platzverweis

Ein einziger Tag hätte noch gefehlt, und die Jungs vom SV Komet Pennigbüttel wären exakt ein Jahr lang ungeschlagen geblieben. So aber setzte es in der Bezirksliga Lüneburg eine 0:2-Heimniederlage gegen den TV Stemmen. Und zu allem Übel kassierten die Gastgeber dabei auch noch einen Platzverweis. Der immerhin hatte dank der Beschreibung durch den Übeltäter auch noch eine schöne, da fast prosaische Seite. Das Wort also hat Rene T.:

»Mein Gegenspieler zieht mich vor einem Einwurf für uns runter, ich falle logischerweise über ihn drüber. Und dann umfasst er mein Bein mit beiden Händen und fängt an zu schreien.«

Logischerweise.

German Nightmare

Wer das Leben liebt, seine Gesundheit achtet und sich in der Hessenliga herumtreibt, sollte sich einen Namen und ein Gesicht besonders gut einprägen. Denn mit Christian E., Linksaußen des TSV Lehnerz, will man nicht auf dem falschen Fuß die Wege kreuzen. Schließlich kickt der gute Mann nicht nur gegen den Ball, sondern nebenher auch Menschen. Und wird dafür auch noch gefeiert. Als »Mixed Martial Arts«-Kämpfer mit dem Poesiealbum-reifen Rufnamen »German Nightmare«.

German Nightmare. Das muss man sich mal auf der Zunge zergehen lassen: German Nightmare. Zumal man davon ausgehen muss, dass der Name vor allem deshalb gewählt wurde, um dem internationalen Publikum eine klare Vorstellung in die Wahrnehmung zu prengeln. German Nightmare. Das klingt nach Panzer und Nazi. Das klingt nach dem Pauschaltouristenklischee vom Handtuchdeutschen, der die Liege am Pool schon vor dem Morgengrauen als die seine markiert hat. Das klingt nach einem VW Golf mit der Verarbeitungsqualität eines laotischen Großserienfahrzeugs. Und soll wohl doch nur bedeuten, dass da einer ganz genau weiß, wie er seinen teutonischen Körper als Waffe benutzen kann.

Doch wer glaubt, so einer ist Wochenende für Wochenende als wandelndes »Epizentrum Rudelbildung« auf den Fußballplätzen Hessens unterwegs, sieht sich getäuscht: Denn das Gegenteil ist der Fall.

So sagt sein Trainer Henry L.: »In Baunatal hatten wir ein sehr hektisches Spiel und es gab eine Rudelbildung. Dann ist Christian dazugekommen und sein starrer Blick hat gereicht, dass sich die Situation beruhigt und die Meute sich aufgelöst hat.«

Immer getreu dem noch völlig zu Unrecht wenig verbreiteten Motto: Angst essen Gewalt auf.

Diagnose:
Aufstieg

Vom Fußball lernen, heißt: für das Leben lernen. Foul ist, wenn der Schiedsrichter es sagt. Kein Geld schießt auch keine Tore. Und morgen müssen wir alle wieder arbeiten. Unumstößliche Weisheiten.

Einen Neueinsteiger lieferte das Frauenteam von Arminia Bielefeld, das im Sommer 2016 den Aufstieg in die Regionalliga fix machte und dies angemessen mit Mottoshirts feierte. Aufdruck: »Durchmarsch ist keine Krankheit!«

Aber offenbar zumindest ein Symptom.

Das Wunder von Güllesheim

Jeder kennt es, niemand spricht gern drüber: Probleme bei der Standhaftigkeit. So sehr man sich auch als eingefleischter Fan sieht, an irgendeinem dieser Tage, an denen man nur in die Luft deuten mag, um die Farbe Grau neu zu definieren, waren wir alle schon bereit, den Fußball Fußball, das Spiel Spiel und die Lieblingsmannschaft Lieblingsmannschaft sein zu lassen. Und dann verlassen wir das Stadion beim Stand von 1:6 und schauen nur noch nach vorn, bis wir irgendwann, in ferner Zukunft, doch zurückschauen und eingestehen: Ja, auch ich habe einmal vorzeitig meinen Platz verlassen.

Dass sich das durchaus rächen kann, beweisen die A-Junioren der JSG Weitefeld-Langenbach / Friedewald / Neunkhausen / Derschen / Daaden. Mit einem 1:3-Rückstand gingen die Jungs im Rheinlandpokal bei der JSG Güllesheim in die Kabine. Und was immer sie sich in der Halbzeit geschworen und zugeraunt haben – es hat nichts genutzt. Zumindest zunächst. Drei Gegentore in drei Minuten – 1:6 nach 54 Minuten.

Doch dann endlich kam, was kommen musste, dann kamen sechs Tore in 40 Minuten und ein Trainer, der sich nicht mehr zu helfen wusste: »Ich habe meiner Wut freien Lauf gelassen«, gestand er hinterher und angesichts der drei Gegentore in drei Minuten, nicht ohne gegenüber seinen Spielern anzufügen: »Ihr seid verrückt, aber ich bin stolz auf euch!«

Ein Satz, auf den man in den psychiatrischen Kliniken dieser Welt noch immer vergebens wartet.

Synonym für
Gewinner

Einer dieser Angeber, denen scheinbar alles gelingt, spielt beim FC Künzing, heißt Chris Seidl und gibt bei der ersten Mannschaft in der Bezirksliga Ost, Niederbayern, den Torschützen vom Dienst. 21 Tore nach 17 Spieltagen standen inzwischen zu Buche. Und dann netzte Seidl gleich doppelt zum 2:0-Sieg über Tiefenbach. Doch das lastete den jungen Mann offenbar längst nicht aus. Und so lief er einen Tag später auch noch für die dritte Mannschaft des Vereins auf – als Torwart.

Denn warum auch nicht, daran hat er Spaß, der Seidl, Chris. Und so hielt er seiner Mannschaft das 1:1 fest, ehe es in der 87. Minute einen Freistoß in aussichtsreicher Position gab. Und, aber sicher, Seidl schnappte sich die Pille und wemmste sie zum Sieg in die gegnerischen Maschen.

Zufall schien das alles übrigens nicht zu sein. Schnell war er als Neuzugang bei Jahn Regensburg oder Wacker Burghausen im Gespräch. Am Ende landete er bei der SV Schalding-Heining, immerhin Regionalliga Bayern. Als Stürmer.

Kobold rettet Mann vor dem Ertrinken

Die Schlagzeile ist schon gut genug, sie sich zu tätowieren. Doch das Märchen dahinter übertrifft sie noch. Der Tatort? Kreisliga Göttingen-Osterode. Der Tatbestand? Lebensrettung. Der Held? Ein Mann namens Kobold, Torhüter der TSV Groß Schneen. Dem im Spiel beim Dransfelder SC plötzlich folgende Wahrnehmung ereilte: »Ich hatte gerade einen Abschlag gemacht und trottete in mein Tor zurück, als ich einen Hilferuf vernahm. Dann ist mir der ältere Mann aufgefallen, der noch halb aus dem Graben hinter dem Sportplatz hervorschaute und sich verzweifelt an einen Baum klammerte.«

Also rannte er vom Platz, um dem über 80 Jahre alten Mann unter bald folgender Mithilfe einiger Zuschauer und Spieler das Leben zu retten. »Er hat mir erzählt, dass er Tabletten nimmt und ihm schummrig geworden war. Hoffentlich erholt er sich gut«, so Kobold, Lebensretter, und zu guter Letzt auch noch sportlich erfolgreich. Denn sein Team gewann schließlich nicht nur sämtliche Herzen, sondern auch die Partie mit 3:1. Und da sagen sie, Manuel Neuer hätte das Torwartspiel revolutioniert!

Den Bayern auf
den Fersen

104 Meisterschaftsspiele blieb Steaua Bukarest zwischen 1986 und 1989 ungeschlagen. 104 Spiele! Den deutschen Rekord hielt eine ganze Weile – Trommelwirbel – der Hamburger SV. Ja, DER HSV! 36 Partien ohne Niederlage standen am Ende zwischen Januar 1982 und Januar 1983 zu Buche. Ehe die Langeweile-Bayern der Moderne sich auch diesen Rekord schnappten und zwischen 2012 und 2014 satte 53 Bundesligaspiele ohne Niederlage blieben. Ähnlich beeindruckend war nur noch die Serie, die die Bayern in den siebziger Jahren in ihre Heimspiel-Historie einschrieben: Viereinhalb Jahre oder 73 Spiele blieben Beckenbauer und Co. im Grünwalder Stadion und darauf auch im Olympiastadion ungeschlagen.

Können wir auch, dachte sich die Ü40 des SV Eichede. Die spielt in der Kreisliga Schleswig-Holstein und kassierte im Dezember 2012 ihre bis dato letzte Heimniederlage. Seither ist der Nebenplatz des Ernst-Wagener-Stadions zur Festung geworden. Das Erfolgsgeheimnis? »Vor allem technisch sind wir schon stark. Da hilft es uns auch, dass wir zu Hause auf einem guten Platz spielen können«, so Trainer Ralf B.

Ein weiterer Vorteil könnte natürlich sein, dass die Truppe nie wirklich in Gefahr gerät, aufzusteigen. Dafür ist die Auswärtsbilanz einfach zu mies. Fernab des heimischen Rasens sind die Jungs nämlich chronisch mittelerfolgreich. Aber auch die schönste Medaille hat ihre Kehrseite.

Bauer sucht Durchfahrt

TV Braach gegen die SG Haselgrund, Kreisliga B2, Hersfeld/Hünfeld. Es ruckelt so vor sich hin, das Spiel, bis plötzlich nichts mehr geht, da sich ein Landwirt mitsamt seines Traktors vor das Tor der Gästemannschaft platziert.

Er wolle seinen Platz erst wieder räumen, wenn die auf der Straße neben dem Sportplatz parkenden Autos den Weg für ihn freigeben, lässt er die verdatterten Zeugen wissen. Nach einigem Hin und Her beugte sich das Publikum dem überdimensionierten Flitzer, der schließlich seiner Wege tuckerte. Das Spiel endete wenig überraschend torlos. Oder wie ein Augenzeuge schilderte: »Endlich stand im Tor der Gästemannschaft mal eine richtige ›Maschine‹.«

Kälber, wir brauchen
Kälber

Im Leben wie im Fußball geht es bekanntlich darum, die richtigen Entscheidungen zu treffen. Viele Entscheidungen fällen wir unbewusst, manche von leichter Hand. Und dann gibt es Situationen, in denen es fast aussichtslos erscheint, zwischen falsch und richtig zu entscheiden. Wie im folgenden Fall.

Man stelle sich nur einmal vor, man sei ein Bauer. Dazu Torhüter seines Dorfvereins und inmitten eines wichtigen Auswärtsspiels beim Lokalrivalen. Man stelle sich weiterhin vor, es liefe nicht besonders gut. Nach 25 Minuten führte der Gegner mit 5:0, als einen vom heimischen Hof der Anruf ereilt, das lang ersehnte Kalb sei auf dem Weg, das Licht der Welt zu erblicken.

Für einen Torhüter des AS Marly Gomont war der Fall klar. Er zögerte keine Sekunde, ließ sich auswechseln und eilte heim zu seiner trächtigen Mutterkuh. Dumm nur, dass der Klub ohnehin ersatzgeschwächt angetreten war. Ganze 14 Spieler fielen im Vorfeld der Begegnung verletzt aus, zu zwölft trat der Verein die Reise zum Auswärtsspiel an. Ein Ersatztorhüter war leider nicht darunter. Und so erbarmte sich schließlich der 61 Jahre alte Präsident des Vereins. Mit überschaubarem Erfolg. Mit 0:10 ging es in die Halbzeit. In der Kabine schlugen jüngere Spieler einen Spielabbruch vor, die Mannschaft entschied sich jedoch im Sinne des Fairplay durchzuhalten. Nach 90 Minuten hieß es 0:20.

»Wir hätten abbrechen können. Aber was ist besser? Die bittere Pille schlucken, weitermachen und lernen? Oder aufgeben?«, fragte Präsident Alain B. in einer Stellungnahme auf der vereinseigenen Homepage. Es war die richtige Entscheidung. Der Gegner gratulierte ob der sportlich fairen Einstellung, der Verein war kurzzeitig in aller Munde und auch das Kalb des Torhüters startete so halbwegs reinen Gewissens ins Leben.

Die Grätsche gegen das Verbrechen

Benningen, Landkreis Ludwigsburg. In einer ruhigen Wohngegend brechen zwei Ganoven in ein Haus ein, werden dabei allerdings von den heimkehrenden Bewohnern überrascht. Die sofort alarmierte und praktischerweise gerade in der Nähe patrouillierende Polizei nimmt zwar sofort die Verfolgung auf, kann allerdings in voller Montur nur schwer Schritt halten mit den Einbrechern.

Die jedoch fällen eine folgenschwere Entscheidung und peilen ihren Fluchtweg über das örtliche Stadion an. Dass dort und just in diesem Moment die Fußballer des TSV Benningen ihr Lauftraining absolvieren, besiegelt dann ihr Schicksal. Denn die Mannschaft durchschaut die Situation schnell und setzt den beiden Einbrechern geschlossen nach. Es dauert nicht lange, da ist der erste Einbrecher mit einer sauberen Grätsche von den Beinen geholt. Sein Kompagnon bricht die Flucht daraufhin ab.

In Sachen Zweikampftraining musste sich Trainer Marc R. vor dem kommenden Spiel jedenfalls offenbar keine Sorgen machen. Auch wenn er gegenüber der Lokalpresse zu denken gab: »Im Spiel wäre das eine glatte Rote Karte gewesen.«

Die Sieger unter den Verlierern

Das Leben ist bekanntlich nicht nur Konfetti, sondern oft genug auch Sauerkraut. Es muss schließlich auch Verlierer geben. Und wie auf jedem Gebiet, und sei es noch so hässlich, gibt es auch für Niederlagen Experten. Ganz weit vorn dabei, wenn es darum geht, ganz weit hinten zu sein: die dritte Mannschaft des VfR Alsheim. Die spielte nicht nur in der untersten Liga dieser schönen Fußballrepublik, sondern selbst dort auch noch in ihrer ganz eigenen Liga. 18 Niederlagen nach 18 Spielen standen für den C-Kreisligisten aus Rheinland-Pfalz einst nach der Hinrunde zu Buche, bei 16 zu 262 Toren.

Aber ließen sich die Herren deshalb den Spaß am Spiel nehmen? Natürlich nicht! »Die Jungs haben das bis jetzt eigentlich immer ganz gut weggesteckt. Sie wollen kicken. Das Ergebnis ist ihnen nicht so wichtig«, sagte etwa Trainer Holger H., der sich statt über die Niederlagen vielmehr darüber ärgert, dass sein Team »nur« auf Rang fünf der Fairplay-Tabelle rangiert: »Ich sage den Jungs immer, sie sollen den Mund halten. Manchmal passiert es dann doch.«

Besonders schön: Der Klub nahm nicht nur die sportliche Herausforderung, sondern auch seine soziale Verantwortung ernst. Gleich ein halbes Dutzend somalischer Flüchtlinge hatte so in der dritten Mannschaft Anschluss gefunden. Die ihre ganz eigene Mentalität einbringen: »Sie sind sehr offensiv ausgerichtet, schießen lieber ein Tor und verlieren 1:20, als ohne eigenen Treffer nur einstellig zu unterliegen«, so der Trainer, der aber gleich relativierte: »Der Spaß steht an erster Stelle – und den lassen wir uns auch nicht durch die hohen Niederlagen verderben.«

So sehen Sieger aus. Sieger, deren Saisonziel lautete: »Mal eine Halbzeit ohne Gegentor.«

Nomen
est
omen

Mehr als zwei Jahre war der Bremer SV aus der Bremen-Liga in Pflicht-
spielen ungeschlagen. Ehe es auch sie erwischte. Und das natürlich ausgerechnet wo? Beim TuS Schwachhausen. Bezeichnend.

»Held der Arbeit«

Wahre Helden tragen keine Umhänge, Batgürtel oder Schutzschilde. Wahre Helden tragen Töppen und leichten Bauchansatz. So wie Ali F., Spieler vom Blumenthaler SV. Dessen Arbeitsprotokoll eines Samstags im Februar 2016 sich wie folgt liest und somit stellvertretend steht für so viele unbekannte Helden, deren Denkmal unbedingt einmal errichtet werden müsste, deren Taten unbedingt einmal besungen werden sollten. (Hinweis: Einzelne, nicht für das Spiel relevante Details des folgenden Protokolls sind unter Umständen minimal ausgeschmückt.)

- 9 Uhr: Aufstehen. Super aussehen.
- 10 Uhr: Frühstück. Der Abwasch erledigt sich aus Dankbarkeit selbst.
- 11 Uhr: Ali F. verlässt das Haus. Die Nachbarskinder klatschen Applaus.
- 12 Uhr: Ankunft an Rasenplatz 4, Burgwall, Bremen. Fünf Frauen fallen vor Hingabe in Ohnmacht.
- 13 Uhr: Anpfiff der Partie Blumenthaler SV II – SVGO Bremen. Ali F. spielt Stürmer, wirkt entschlossen.
- 13:01 Uhr: Ali F. besorgt die wichtige 1:0-Führung, die der zweiten Mannschaft Rückenwind gibt, das Abstiegsduell schlussendlich mit 2:1 zu gewinnen.
- 13:45 Uhr: Ali F. sieht immer noch super aus und auch, dass es gut ist. Er verlässt den Rasenplatz 4, Burgwall, Bremen. Der Gegner steht Spalier.
- ca. 15 Uhr: Ankunft Vegesacker Bahnhofsplatz, am Rasenplatz der SG Aumund-Vegesacker. Pünktlich zum Derby-Beginn gegen Ali F.s Blumenthaler SV.
- 16 Uhr: Ali F. wird zur zweiten Halbzeit eingewechselt, und irgendwo in Deutschland spürt Til Schweiger, dass seine Zeit vorbei ist.
- 16:45 Uhr: Ali F. hält das Spiel nur Kraft seines Willens am Wogen und aus Fairnessgründen bis zu guter Letzt bei 0:0.
- 17 Uhr: Ali F. zieht Bilanz: Zwei Spiele an einem Tag, vier Punkte und ein Tor selbst erzielt. Macht sich Vorwürfe, heute noch kein Leben gerettet zu haben.
- 18 Uhr: Ali F. rettet 500 Katzenbabys aus einer brennenden Scheune.

90 Minuten echte Gefühle – und ein paar Hundert Stunden mehr

Wie wusste schon Sepp Herberger seine Adilette: Ein Spiel dauert 111 Stunden. Und wer der nicht glaubt, schaut nach Hamburg. Dort standen sich Anfang Juni 2016 die Teams des FC Hamburger Berg und des VfL Wallhaben gegenüber. Für 111 Stunden – Weltrekord.

Den hielten die Jungs aus Wallhaben übrigens zuvor schon einmal, mit vergleichsweise überschaubaren 75 Stunden Fußball am Stück. Endergebnis damals: 777:777.

Beim zweiten Mal endete das Spiel weniger schiedlich, friedlich mit 722:568 für die Gastgeber.

Und auch wer damit nichts anfangen kann, weil in seiner Brust das Herz eines Unparteiischen schlägt, kommt bei diesem Weltrekord auf seine Kosten. Denn ganz nebenbei hatte sich ein Schiedsrichter angemeldet, der 24 Stunden am Stück pfeifen wollte. Die schaffte er zwar nicht ganz, aber immerhin hielt er stolze 18 Stunden aus. Seine Laufleistung währenddessen: 44,09 Kilometer. Gut, dass der Mann im Zweithobby Triathlet ist.

Die Spieler hatten es da etwas leichter: Die 36 Kicker beider Mannschaften konnten sich schließlich immer mal wieder ihre Pausen gönnen. Einzige Bedingung: Immer mindestens sieben Mann auf dem Rasen und bloß nicht den Sportplatz verlassen.

Mit dem Weltrekord im Hinterkopf war das aber ein Leichtes. Zumal noch ganz andere Anreize warteten. So wie für Ibrahim M., Syrer, und zu Recht stolz wie Bolle, weil: »Es ist wunderschön, dass wir das geschafft haben. Jetzt habe ich einen deutschen Weltrekord.«

Und deutsche Weltrekorde sind bekanntlich die besten Weltrekorde.

Tor geht vor

Arbeitsniederlegung, machen wir uns nichts vor, kennt oft fadenscheinige Gründe. Manch einem sterben pro Jahr bis zu vier Omas weg. Meistens freitags oder montags. Je nachdem, für wann das Hunderte Kilometer entfernte Auswärtsspiel der Lieblingsmannschaft, welches man auf keinen Fall verpassen darf, angesetzt wurde. Die mit den dicken Eiern hingegen machen sich gar nicht erst die Mühe, auf die emotionale Schiene abzubiegen, und führen einfach nur immer und immer wieder den anrückenden Klempner an. Würden auch nur 10 Prozent aller vermeintlichen Klempner-Einsätze Wirklichkeit, es wären nicht die Freimaurer, die die Welt beherrschten, sondern die Freiklempner.

Aber irgendwie muss man sich schließlich zu helfen wissen, denn: Nur wenige ereilt das Glück eines tatsächlichen triftigen Grundes, der sich hinterher nicht als total ätzend erweist (Oma stirbt wirklich). So wie den jungen Mann, der sich mit Beginn einer Partie zwischen der zweiten Mannschaft der SG Eider und der zweiten Mannschaft der SV Merkur Hademarschen hinter den Liveticker der Paarung klemmte. Ein ehrenvoller Posten, den er jedoch kurz nach Beginn der zweiten Halbzeit aufgeben musste. Nicht, ohne sich ordnungs- und wahrheitsgemäß abzumelden:

»Liveticker wird abgebrochen … Ich muss ins Tor.«

SCHIEDS-RICHTER

Du hast dein halbes Leben lang Regeln gebüffelt. Du bist Woche für Woche joggen gegangen, obwohl du Joggen wirklich dämlich findest, weil Joggen so furchtbar langweilig ist, weil Joggen überhaupt nichts Spielerisches an sich hat. Und von überhaupt nichts hast du im Alltag schon genug. Du könntest einem Ball hinterherrennen, ganz selbstvergessen, und dabei gar nicht bemerken, wie du dauerläufst. Aber stattdessen läufst du dauernd auf gelenkfressenden Belägen umher, unter den mitleidigen Blicken jener, die Joggen offenbar nicht nötig haben, die aber trotzdem super und super glücklich aussehen. Egal jetzt. Alles egal. Du hast dich entschieden, und jetzt bereust du es auch nicht mehr, denn du stehst kurz vor der Auszahlung deines ganz persönlichen Jackpots, kurz davor, für all das, für die Qual, die Langeweile und die Skepsis, die du dir selbst entgegengebracht hast, die dir andere entgegengebracht haben, entlohnt zu werden. Du kannst die Atmosphäre da draußen schon schmecken, riechen, fühlen. Es ist genau so, wie du es dir tausendmal vorgestellt hast. Immer dann, wenn die Zweifel doch zu groß wurden und du kurz davor standst, hinzuschmeißen. Das ist der Moment, der in Erinnerung bleiben wird, wenn du später sagen kannst, dass es sich gelohnt hat. Dass sich alles gelohnt hat. Sogar das Joggen.

Dann hörst du das Klackern von Stollen auf Beton. Die Mannschaften scharren mit ihren Hufen, drängen hinaus auf das Feld, dein Feld. Denn du bist es, der hier die Spielregeln vorgibt. Gut. Du setzt sie nur um. Aber immerhin: 22 Mann, die nach deiner Pfeife tanzen.

Dann aber die Blicke der Spieler. Als würden sie einen Gegner taxieren. Als würden sie dich mustern. Deine Härte, dein Durchsetzungsvermögen. Wie weit kann man bei ihm wohl gehen, scheinen sie sich zu fragen. Sie scheinen zu denken: Das ist also heute der Typ, den ich nachher hassen werde. Weil er mal wieder keine Ahnung haben wird, weil er uns unser Spiel kaputt machen wird, diese Pfeife. Und: Warum wird man überhaupt Schiedsrichter?

Gute Frage. Warum lässt man sich sehenden Auges auf ein Unheil ein? Warum nimmt man all die Stunden, Anfahrten, all das Gespött, all die Anfeindungen auf sich?

Niemals ist man der gefeierte Star. Keine Standing Ovations, keine Fangesänge, selten nur ein Lob. Und wenn, dann meist von den Kollegen oder dem Schiedsrichterobmann. Vielleicht ist es das Gefühl, dem Spiel etwas zu schenken, ohne dass es nicht funktionieren würde. Selbstlos sein. Und dabei doch auch ganz egozentrisch. Denn ohne dich geht – gar nichts.

Dafür sind wir, die Fußball so lieben, dir zu ewigem Dank verpflichtet. Und das meinen wir genau so. Wir können es nur nicht immer so richtig zeigen.

Dabei wissen wir nur zu genau, was du Woche für Woche durchmachst. Denn wir waren dabei. Und es war der absolute, der ganz normale Wahnsinn.

Schlachter, Schiri, Schöngeist

Aus der Reihe »Schiedsrichter, wie sie sein sollten«: Jürgen T., 75 Jahre alt. Seit 40 Jahren an der Pfeife. Und das von Jahr zu Jahr souveräner. 2015 wurde er zum »Schiedsrichter des Jahres im Kreisfußballverband Rendsburg-Eckernförde« gekürt. Blickt man auch nur für einen Wimpernschlag auf sein Wirken zurück, muss man feststellen: Überfällig!

Da wurden schon mal Gelbe Karten verteilt, obgleich das Regelbuch zwingend Rot verlangte. Doch Schiedsrichter T. regelte solche Situationen mit dem ihm ganz eigenen Fingerspitzengefühl. Und verdonnerte den Schützen des dann folgenden Strafstoßes: »Du schießt den Ball jetzt zum 3:1 ins Tor und alles ist gut.« Und alles wurde gut. Und wenn er doch mal die Rote Karte verteilen MUSSTE, dann auf seine Art: »Er war doch so ein Netter. Ich habe ihm gesagt, er solle sich die Rote Karte selbst aus meiner Brusttasche holen.«

Ganz abgesehen davon, dass er einst eine Platzwahl mit einer Wurst abgehalten haben soll. Wie auch immer das funktionieren soll, immerhin fällt Wurst dem Vernehmen nach auch im Norden Deutschlands noch immer auf ein und dieselbe Seite: Die Wurst-Seite. Aber der gute Mann wird schon wissen, was er tut, schließlich war er Zeit seines Lebens Schlachter von Beruf. Und wie es heißt es so schön: Du kriegst den Schiri aus dem Schlachter, aber nicht den Schlachter aus dem Schiri.

Gelb-Rot wegen
Verstecken

SG Issel gegen die SG Pölich-Schleich II. Kreisliga C, Mosel-Hochwald. Es läuft die 60. Spielminute, die Heimmannschaft führt souverän mit 3:0. Keine besonderen Vorkommnisse soweit. Und auch die in dieser Minute notierte Gelb-Rote Karte wäre eigentlich nicht weiter der Rede wert, wenn der Grund des Platzverweises nicht so kurios anmuten würde.

Demnach habe der Schiedsrichter den Spieler nach einem gelbwürdigen Foul zu sich gerufen. Der allerdings reagierte unsportlich, also gar nicht. Was, wie der Unparteiische freimütig zugibt, nicht zuletzt an der Stimmband-OP gelegen haben könnte, die er erst kürzlich über sich ergehen lassen musste. Aber schließlich habe er noch seine Pfeife und überhaupt, die Mannschaften vor dem Spiel auf seine eher dünn zu vermutende Stimme hingewiesen.

Der Spieler wiederum zeigt sich einsichtig: »Im Nachhinein weiß ich, dass es eine dumme Aktion von mir war.« So dumm auch wieder nicht. Das Spiel gewann die SG Issel schließlich trotzdem sogar noch mit 4:0 und zudem eine Anekdote für die Geschichtsbücher.

Der Schiri liest vor

Der beste Freund des Unparteiischen ist das Regelwerk. Immer da, wenn man es braucht. Auch in schweren Stunden, da der Sturm der Entrüstung über einen hinwegfegt. Da Spieler, Trainer und Zuschauer ihren Unmut in die Welt stellen. Aber Schiri!

Und was macht ein guter Spielleiter in einer strittigen Situation? Er überzeugt seine Kritiker mit Fakten! So wie Eugen S. bei der Partie zwischen DJK Röder und SV Gescher III. Mit 2:1 führen die Gäste, das Spiel geht hin und her. In der 90. Minute dann segelt ein langer Abschlag von Geschers Torwart über den gesamten Platz, Stürmer Meikel R. nimmt den Ball auf und versenkt.

»Abseits«, empören sich die Gäste. »Tor«, sagt Schiri Scholle. Stampft in die Kabine, holt das Regelwerk hervor und zitiert, zurück auf dem Platz, dass die Abseitsregel beim flachen Abstoß ebenso wenig zähle wie beim Einwurf. Liebe Gegner des FC Bayern: Versucht es doch mal so!

Tod der
Unterzuckerung

FSV Aufkirchen II gegen SV Kottgeisering II, Kreisklasse C, Zugspitze. Eckball, zeigt der Schiedsrichter an. Nur um das Spiel anschließend zu unterbrechen und sich in aller Ruhe eine Wurstsemmel zu gönnen. Der Name des entspannten Hobbygourmets: Peter W., längst über 70 Jahre alt und Schiedsrichter aus Leidenschaft. Ein Mann, der sich so schnell nichts vormachen lässt. Von seinem eigenen Körper schon gar nicht.

Und wenn Peter W. also spürt, dass er kurz vor der Unterzuckerung steht, dann wird nicht lange überlegt, sondern gehandelt. So erklärte sich der erfahrene Schiri zumindest nach seinem Spieltagssnack. Und erntete Zustimmung allenthalben. »Bevor er umkippt, ist es doch besser, er holt sich eine Semmel«, hieß es von Seiten der Heimmannschaft. »Bevor er ausfällt, soll er sich doch eine Wurstsemmel gönnen«, pflichtete der Bezirksschiedsrichterausschuss Oberbayern nüchtern bei. Nicht ohne folgende Sorge zu äußern: »Hoffentlich haben sie ihm das Geld dafür nicht von den Spesen abgezogen.«

Ein Spiel hat
82 Minuten

2:7 steht es im Heimspiel des TSV Großberg gegen den TSV Bernhards-wald, als der Schiedsrichter den Schlusspfiff unter diese Partie der Kreis-klasse Regensburg setzt. Nur leider mindestens acht Minuten zu früh. Finden zumindest die Assistenten des Unparteiischen, die ganz genau gestoppt hatten und ihren Vorgesetzten daraufhin mit aller gebotenen Vorsicht auf sein recht offensives Zeitempfinden hinweisen. Mit Erfolg.

Nach kurzer Beratung schickt der Schiri nach den bereits in die Kabine entschwundenen Spielern der Heimmannschaft. »Vier habe ich dann noch gefunden, die noch nicht nackt waren«, sagte ein Vorstands-mitglied Großbergs hinterher. Die erklären sich bereit, das Spiel gegen die noch auf dem Platz weilenden Gäste zu Ende zu bringen. Ein Nicht-angriffspakt wird vereinbart. Und gebrochen, da einer der verbliebenen Großberger Feldspieler abzieht – und trifft. »Das war etwas komisch«, fand nachher der Gästetrainer. »Das war ein Versehen«, meinten hin-gegen die Großberger. Alles relativ. Wie die Zeit.

Alle gegen den Schiri, der Schiri gegen alle

Manchmal hat man einfach auch einen schlechten Tag. Dann zieht es einem die Mundwinkel nach unten, als würde die Schwere der Welt daran hängen. Und dann braucht es eben einfach nur ein Ventil. Nicht wahr, Thomas N.?! Oder gibt es sonst noch eine halbwegs vernünftige Erklärung für zwölf Minuten Nachspielzeit, 20 Gelbe Karten und das mehrfache Beleidigen von Spielern UND Zuschauern?

So hieß es im Bericht der Lokalzeitung: »Die Partie zwischen FC Fraulautern-Steinrausch und FV Schwarzenholz geriet zur Nebensache. Vor allem ein Mann stand im Mittelpunkt: Schiedsrichter Thomas N. ›So etwas habe ich noch nicht erlebt‹, sagte Fraulauterns Trainer Dirk B. ratlos. Trainerkollege Andreas W. erklärte: ›Wir werden beim Verband Beschwerde einlegen.‹ In der 95. Minute zeigte der Unparteiische noch mal fünf Minuten Nachspielzeit an, obwohl es keine größeren Unterbrechungen gegeben hatte. Insgesamt dauerte das Spiel 102 Minuten. Zudem hatte Schiedsrichter N. offenbar mehrfach Spieler und Zuschauer beleidigt. Kurz vor Spielende wurde sogar die Polizei gerufen. 20 Gelbe Karten und zwei Gelb-Rote gab es – kein Wunder, dass kein Spielfluss zustande kam. ›Ein Remis wäre gerecht gewesen‹, versuchte B. auf das Sportliche einzugehen.«

Oder ein Ersatzschiedsrichter.

Kommt Zeit, kommt Schlusspfiff

Über 2.500 Spiele vertraute Schiedsrichter Ludwig Bauer seiner Armbanduhr. Nie hat sie ihn im Stich gelassen. Bis zu diesem einen Wochenende. 0:0 stand es da in der Kreisklasse Würzburg zwischen der SV Gaukönigshofen und der SV Gelchsheim nach 90 Minuten. Doch Zeit ist ein dehnbarer Begriff, zumindest für die so treue Armbanduhr von Schiri Bauer. Und weil die also ob ihrer mechanischen Gangart von Sekunde zu Sekunde langsamer lief, ließ Bauer die Partie satte 16 Minuten über die Zeit laufen. Die vermehrt und deutlicher werdenden »Schiri, Zeit!«-Hinweise aus dem Publikum nahm der Unparteiische derweil gelassen hin: »Das schreien die immer«, so Bauer.

Schiri, **lach** doch mal

Der Tatbestand: eine Gelbe Karte. Der Tatort: Kreisliga Freiburg. Die Zeugen: die Mannschaften des PSV Freiburg und des SC Mengen.

Es lief die 44. Spielminute, da Mengens Alexander E. vom Schiedsrichter die Gelbe Karte unter die Nase gehalten bekam. Und auch wenn sich nicht mehr nachvollziehen lässt, wie genau es dazu kam, ist es doch auch egal, da der Spielbericht das wahre Erstaunen provoziert. Denn als Grund für die Verwarnung des Abwehrspielers liest sich eindeutig wie kryptisch: »Schiedsrichter auslachen.«

Humor hat man eben, oder auch nicht. Und Humor ist bekanntlich, wenn man trotzdem lacht.

Schiri, wir wissen, dass dein Navi spinnt

FC 06 Einheit Grünow gegen den SV 90 Pinnow in der Landesklasse Nord, Brandenburg. Ein astreines Uckermark-Derby voller Vorfreude und sportlicher Brisanz. Schließlich stolperten zu jenem Zeitpunkt beide Teams im Tabellenkeller umher und konnten jeden Punkt bestens gebrauchen. Und so fieberten die Mannschaften und Zuschauer dem Anpfiff entgegen. Und fieberten und fieberten und fieberten. Bis sich irgendwann abzeichnete, dass alles Fiebern ganz umsonst war, da die für das Spiel eingeteilten Schiedsrichter einfach nicht auftauchten.

Der schlichte wie dämliche Grund: Das Unparteiischen-Trio hatte sich zwar pflichtgemäß und rechtzeitig auf den Weg gemacht, nur leider ins über 100 Kilometer entfernte Grünow in Mecklenburg-Vorpommern. Zu ihrer Ehrenrettung sei angemerkt: Nicht weit vom eigentlichen Ziel entfernt hätte es ein drittes Grünow gegeben, in welches sich die Schiris hätten verirren können.

Auswechseln verboten

Aus dem Lexikon für Fußballfloskeln – »H« wie Höchststrafe: ein Spieler, der im Verlauf der Partie eingewechselt und zeitnah wieder ausgewechselt wird. Kommt einem bekannt vor. Höchststrafe eben. Hat davon aber offenbar noch nie ein Sterbenswörtchen gehört: Schiedsrichter A. K. Der leitete die Kreisklasse-Begegnung zwischen dem TSV Amicitia Viernheim II und dem VfR Mannheim II und wollte partout nicht einsehen, dass der in der 42. Spielminute eingewechselte Viernheimer Spieler Bajram H. kurz nach der Pause aufgrund einer Verletzung wieder aus dem Spiel genommen werden sollte.

Oder um es mit dem Spielbericht aus der Lokalzeitung zu sagen: »Der Referee war sich nicht sicher, ob ein Spieler, der eingewechselt wurde, auch wieder ausgewechselt werden darf. Also sollten die Gastgeber in Unterzahl weiterspielen.« Die Spieler und Verantwortlichen beider Mannschaften trauten ihren Sinnen nicht und redeten auf den guten Mann ein. Doch dessen Zweifel waren stärker. Und also ließ er sich ein Handy geben und tätigte einige Anrufe; geschlagene 20 Minuten lang. Ehe er ein Einsehen hatte, den Wechsel zuließ und die Partie unfallfrei zu Ende brachte. Immerhin.

Aber lieber Schiedsrichter A.K., keine Sorge, so ziemlich jeder kennt solche Tage. Man nennt sie: Wochentage.

Skandaaaal

SG Elbert gegen die SG Westerburg. Die Heimmannschaft gewann gemütlich mit 2:0. So weit, so normal. Nicht so normal: Die SG Elbert stellte wegen akuter Mangelerscheinung im Co-Trainer auch den dritten Offiziellen der Partie und sorgte damit für einen Ausdruck deutscher Strenge; für den uns das Ausland vollkommen zu Recht zugleich bewundert wie verachtet, da das Amt dem Deutschen wichtiger ist als jede persönliche Verquickung. Na ja, fast.

Denn obgleich die Partie einen relativ souveränen Sieger sah, war sie nicht frei von »Skandalen«. So warf Co-Trainer-Schiedsrichterassistent Bruno F. beim vorentscheidenden 2:0 seiner Mannschaft und im spontanen Jubelbekenntnis »die Fahne zu hoch«.

Klarer Regelverstoß befand der Hauptschiedsrichter und verwies seinen Kollegen auf Zeit umgehend seines Amtes und vom Platz.

Deine Mutter

Kreisliga A, Kreis Iserlohn. SV Deilinghofen-Sundwig gegen den FC Hemer Erciyes. Und eine unschöne »Randnotiz«. Denn die Partie kam dank Spielabbruch nicht über die Halbzeit hinaus. Der Grund dafür? Eine vermeintliche Grundsatzdebatte über »Deine Mutter«.

Was war passiert? Ein Spieler der Gäste wurde wegen einer Tätlichkeit vorzeitig mit der Roten Karte des Spielfelds verwiesen. Doch der angegangene Spieler hatte damit offenbar noch lange nicht genug Satisfaktion erfahren und brannte kurz nach dem Platzverweis für seinen Gegenspieler und trotz anschließender Schutzauswechslung mitsamt seinen Sicherungen durch, entfremdete sich in ein Land der Unsportlichkeit und stänkerte offenbar gegen den sich noch in unmittelbarer Nähe befindlichen Übeltäter und dessen Mutter.

Oder um es mit den Worten des Gästetrainers zu sagen: »Wenn einer die Mutter eines anderen beleidigt, dann reagiert man ja auch. Dann ist das eskaliert.« Oder um es mit den Worten des Trainers der Heimmannschaft zu sagen: »Anschließend kamen die zahlreichen Zuschauer von Hemer Erciyes über die Bande und haben mitgemischt.«

Der Schiedsrichter, der mit seiner »schwangeren Frau da war«, entschied zur Überraschung von mal genau niemandem auf Abbruch. Mutterschutz eben.

Ein Herz für die Neutralität

Gelenke ölen und Knicks machen für Paul K. Denn der Mann ist über 80 Jahre alt und immer noch als Schiedsrichter aktiv. Seit über 45 Jahren pfeift er alles, was beim VfL Rheingold Poll auf den Spielplan kommt. Gern auch auf Abruf, obgleich er gar nicht eingeteilt war. Leichtes Spiel für ihn, den sie nur »Päul« rufen, da er keine 100 Meter vom Sportplatz entfernt wohnt und nach eigener Auskunft immer »eine gepackte Tasche im Schlafzimmer stehen hat«. Ein Ende ist trotz des hohen Alters nicht in Sicht. Zumindest, solange die Gesundheit mitspielt.

Und wenn das Knie dann doch mal zipperlt, »gehe ich zum Arzt und lasse mir eine Spritze geben«, so K. Selbst eine Kopfverletzung, die er sich in seinem Beruf als Gerüstbauer einst zugezogen hat, brachte ihn nicht von der Pfeife ab. Einleuchtende Begründung: »Ich pfeife ja nicht mit der Stirn.« Und auch im Urlaub ist ein Unparteiischer seines Formats natürlich immer bereit, einzuspringen.

So pfiff er einst sogar im Urlaub im fernen Bayern: »Ich hatte am Eingang meinen Schiedsrichterausweis vorgezeigt, mit dem ich in alle Stadien darf. Als der Unparteiische nicht kam, erinnerte sich der Ordner an meinen Ausweis und sprach mich an. Ich bekam eine Schirimontur, und los ging es!« Wahre Helden kennen eben kein Alter.

Der Senf-Ketchup- Schiri

Beim Spiel des SV Blitzenreute II gegen den SC Michelwinnaden II in der Kreisliga B, Bodensee, tauchte der Unparteiische schlicht und einfach nicht auf. Die Mannschaften verständigten sich zwar problemlos darauf, dass ein zwar anwesender, aber verletzter Spieler die Rolle des Offiziellen ausfüllen sollte. Doch das nötige Equipment hatte niemand zur Hand.

Aber auch für das Problem fanden die Improvisationskünstler aus der Kreisklasse eine Lösung: Statt Gelber und Roter Karte behalf sich der Ersatzschiri mit Senf- und Ketchup-Tütchen. Fast schade, dass diese dann während der 90 Minuten überhaupt nicht zum Einsatz kamen. »Das gibt Senf« oder »Der hat schon Senf« oder »Da muss er Ketchup zeigen«, hätte man nämlich wirklich gerne mal geschrieben.

Der Schiri-Sehtest

Kevin Gerwin ist ein umtriebiger Mensch: Radiomoderator, Hallen- und Stadionsprecher bei den Rhein-Neckar Löwen und dem Karlsruher SC und angeblich baden-württembergischer Rekordhalter im Chili-Saucen-Essen. Selbst als »besoffener Idiot« und nur mit Dildo bewaffnet hat Gerwin bereits reüssiert – was man eben so treibt in Karlsruhe. Aber all das verblasst ins Bedeutungslose gegen diese eine Kerbe, die er sich in seine Vita geschnitzt hat.

Denn Gerwin ist unter die Sponsoren gegangen und prangt als Bandenwerbung beim DJK Daxlanden ins Stadionrund des Karlsruher Kreisklassen-Klubs. Und das mit der besten Bandenwerbung, an die sich zumindest nachlässige Kurzzeitgedächtnisse erinnern mögen.

So war auf der Werbebande, die Gerwin erwarb, zu lesen: »Kostenloser Schiri-Sehtest: Wenn Sie diesen Text vom Mittelkreis aus lesen können, dann dürfen sie auch vom Mittelkreis aus auf Abseits entscheiden. Ansonsten NICHT!«

Ob ein Mann jemals mehr für die Reputation des Vornamens Kevin geleistet hat? Schwer zu glauben.

Hose runter

Heißer Anwärter auf den Preis für den »besten Spielbericht schlechthin« ist ein Klub der Kreisliga B in Dillenburg. Und zwar für diese gelungene Tateinheit von Vorfall und Berichtsprosa:

»SSV Dillenburg – TSV Bicken II 2:1 (0:0): In der ersten Halbzeit erspielte sich Dillenburg klare Vorteile, erzielte aber kein Tor. Die Partie verlief sehr fair, allein der Linienrichter verließ in der Pause seinen Posten, da ein Bickener Spieler ihm nach einer Diskussion seinen blanken Hintern gezeigt hatte.«

Was sagt man dazu? Cha-Po!

Schiri! Aufstehen!

Es lief nicht bei der zweiten Mannschaft des FSV Braunfels aus der hessischen Kreisoberliga West, Dillenburg. Zwei Siegen standen elf Niederlagen gegenüber. Allein in den vergangenen vier Spielen setzte es knackige 4:24 Tore. Die Mannschaft stand auf dem letzten Platz. Zeit, den Bock umzustoßen und den Anschluss an das rettende Ufer herzustellen, lautete demnach das entschiedene Motto vor dem Kellerduell gegen den SC Münchholzhausen/Dutenhofen. Und dann das: Kurz vor Beginn der Partie erreicht den Mannschaftsbetreuer ein Anruf des für die Partie angesetzten Schiedsrichters. Er müsse die Partie leider absagen; er habe verschlafen. Das Spiel war übrigens für Freitag, 19 Uhr angesetzt.

Der Tourette-Schiri

»Hau ab«, »Halt die Fresse« oder »Du läufst wie ein Affe«. Was klingt wie ein Best-of aus dem »Tourette-Buch für Fantasielose« ist auf den Fußballplätzen der Republik leider oft genug Realität. Und ob diese Wortfetzen der Unterbelichtung nun von den Zuschauerrängen oder von den Spielern kommen – unangebracht sind sie allemal. Und auch bei einem Kreisoberligaspiel des SV Bruchenbrücken gegen den SV Steinfurth fielen diese Worte. Nur war es diesmal der Schiedsrichter, der sich gegenüber den Spielern im Ton vergriff.

Das zumindest berichteten die Steinfurther in einer Stellungnahme auf ihrer Facebookseite. Und auch darüber, dass Spieler und Verantwortliche beider Teams bereits während des Spiels versucht hätten, auf den Unparteiischen einzuwirken. Doch anstatt sich zu besinnen, drohte er offenbar unverhohlen mit Konsequenzen, ließ seinen Worten mit zwei schnellen Platzverweisen Taten folgen und kommentierte süffisant: »Ich habe euch doch gesagt, ich sitze am längeren Hebel.«

Kann man nur hoffen, dass der Mann einfach nur den einmalig schlechtesten Tag seines Lebens hatte und Abbitte leistete. Denn wie heißt es in der Erklärung des SV Steinfurth so treffend:

»In unserem Bezirk gibt es sehr viele gute Schiedsrichter, denen wir dankbar sein sollten, dass sie es uns ermöglichen, unseren Sport im Wettbewerbsmodus auszutragen. Wenn sich aber ein Mensch in einer Machtposition derart illegitim verhält, verzichten wir gerne auf den Wettkampf.«

Word.

Unentschieden
mit
zwei Siegern

Fußball ist kein Spiel auf Leben und Tod. Es ist mehr als das. Klingt gut, ist natürlich Quatsch. Wie die dramatischen und zugleich schönen Szenen beim Spiel in der Salzlandliga zwischen dem VfB Neugattersleben und SV Einheit Bernburg bewiesen. 80 Minuten waren absolviert, als der Schiedsrichter mit Schmerzen im Brustraum zusammenbrach und per Notarzt ins Krankenhaus gebracht werden musste.

Doch anstatt das Spiel abzubrechen und ein Wiederholungsspiel anzusetzen, einigten sich beide Teams darauf, das Spiel unter der Leitung der anwesenden Schiedsrichterassistenten zu Ende zu bringen. Freilich ohne jegliche Angriffsbemühungen. Und so endete das Spiel 0:0. Aber in diesem Fall siegte Sportlichkeit über Ambition. Gut so. Und viel wichtiger: Der Schiedsrichter war bald wieder wohlauf.

Schiri, wir wissen, was dir stinkt

Fußballer sind Diven. Mal ist der Rasen zu stumpf. Dann wieder zu wenig stumpf. Männer, die ihr Bier wahlweise mit den Zähnen, in der Augenhöhle oder durch bloßes Anstarren öffnen, schreien Wochenende für Wochenende auf, als würden sie gefoltert, sobald sie ein Trikotzupfen auch nur erahnen. Trainer richten verzweifelte Blicke Richtung Fußballgott, was sie ihm denn nur getan hätten?! Die 1-1-8-Taktik mit vier invers abkippenden Halbneunern sei doch eigentlich idiotensicher gewesen.

Einzig die Schiedsrichter halten in unaufgeregter Art und Weise an der klaglosen Tradition ihres Sports fest. Lediglich Ausnahmen bestätigen diese Regel.

So wie dieser Unparteiische, eingeteilt für die Kreisklassepartie des MTV Hesedorf gegen die TuS Nieder Ochtenhausen im Fußballtempel Sprakelpark. Dem es während der Platzbegehung im Vorfeld des Spiels dämmerte: Mir stinkt's!

Also packte er seine sieben Schiedsrichtersachen und verließ den Ort des Geschehens noch vor Anpfiff. Seine Begründung: zu starker Güllegestank. Was, wie man weiß, immer noch besser ist als: zu wenig Güllegestank.

Absurder
Platzverweis, der

Wasser, Grundlage des Lebens. Und Grundlage für einen Platzverweis. Zumindest in der A-Junioren Regionalliga Nord. Dort trat der JFV Calenberger Land gegen den JFV Bremerhaven und Jakob O. in der 82. Minute den vorzeitigen Gang unter die Dusche an. Der Grund für seine Gelb-Rote Karte? Ein Schluck Wasser!

Den hatte sich der Delinquent noch eben gönnen wollen, nachdem er vom Schiedsrichter, und nach einer Behandlungspause am Seitenrand, zurück ins Spiel gewinkt wurde. Für den Unparteiischen allerdings ein Schluck, der das Miniaturfass (Fassungsvermögen: aufgeregt null) seiner Geduld zum Überlaufen brachte. Ob der Rächer der verlorenen Zeit die vermutlich zwei Sekunden Spielverzögerung hat nachspielen lassen, ist leider nicht bekannt.

Drum prüfe, wer sich ewig winke

Manchmal ist man auch einfach mit der Gesamtsituation unzufrieden. So wie Maximilian H., Trainer des SV Weil aus der Landesliga Südbaden. Der hatte sich nach einer 1:2-Heimniederlage gegen den Tabellenführer FC Freiburg-St. Georgen nicht nur über die Spielweise der Gäste beschwert (»Trümmertruppe«, »90 Minuten nur Langholz«), sondern auch noch über einen vermeintlich parteiischen Schiedsrichterassistenten ausgelassen. So zumindest berichtet es der Trainer des Gegners, Eugen B.: »Dem Linienrichter haben sie beispielsweise vorgeworfen, er würde für uns winken. Weil wir uns begrüßt haben.«

Ein schönes Modell auch für den ganz ordinären Arbeitsalltag. »Stell dir vor, Sabine«, könnte es dann heißen, »der Chef hat der Uschi heute einen ›Guten Morgen‹ gewünscht! Kann man sich ja ausmalen, wer die nächste Gehaltserhöhung erhält. Knick-Knack.«

Schuld ist
Justin Bieber

Özkan A. ist Torwart vom VfB Concordia Britz in der Landesliga Berlin und spielt seit über 20 Jahren Fußball. Ohne auch nur eine Rote Karte gesehen zu haben. Bis zu jenem verhängnisvollen Wochenende im März 2016.

Da platzte es angesichts einer vermeintlich falschen Abseitsentscheidung aus ihm heraus: »Justin Bieber, was pfeifst du denn da?«, rief er in Richtung des Schiedsrichterassistenten. Der beriet sich daraufhin mit seinem Chef und schon war das Urteil gefällt: Platzverweis wegen Beleidigung. Der Betroffene gab sich hinterher philosophisch: »Ich hätte mir da mehr Fingerspitzengefühl gewünscht. Wir wissen im Grunde alle, was eine Beleidigung ist und was nicht. Ich weiß nicht, ob Justin Bieber eine Beleidigung ist.«

Ist die Erde eine Scheibe? Fällt Toastbrot immer auf die beschmierte Seite? Wer weiß das schon so genau?!

Geschichte wiederholt sich

Es war im Jahre 1988, als der FC Obergessenbach die Chance hatte, in die Kreisliga aufzusteigen. Doch Schiedsrichter Jakob M. pfiff Zeitzeugen zufolge jede halbwegs strittige Szene gegen die Mannschaft aus dem niederbayerischen Landkreis Deggendorf. Mit »einem Lächeln auf den Lippen«, so erzählt man sich.

2016 nun wiederholte sich die Geschichte. Wieder hatte der Klub die Chance auf den Aufstieg und mit den längst im Niemandsland der Tabelle gelangweilten Gastgebern der SG Höcking/Ganacker eine vermeintlich lösbare Aufgabe vor der Brust.

Doch Schiri M., der »schon gar nicht mehr richtig laufen kann«, wie die Insider zu berichten wussten, pfiff wieder gegen die Obergessenbacher. Verweigerte ihnen einen Elfmeter, den angeblich selbst noch Blinde, die das Spiel von New York aus gesehen haben, gegeben hätten. Erkannte ein Tor nicht an.

Und verhängte im Gegenzug einen Strafstoß für die Gastgeber. Worüber sich die Gäste wiederum so sehr aufregten, dass es drei Platzverweise am Stück hagelte.

Dann beantragten sie den Spielabbruch. Was dem Schiri offenbar gelegen kam, wie der Obergessenbacher Abteilungsleiter Fußball, Max G., erörterte, da der Unparteiische »schon in der Halbzeit seine Tasche ins Auto brachte«. Sicher nur einer dieser schlechten Tage, die jeder mal hat.

Alle 28 Jahre.

Schiri, pusten bitte

Man kennt das: Plötzlich steht die Polizei in der Schiedsrichterkabine und überwacht einen Alkoholtest. SC BG Gimbte gegen 1. FC Mecklenbeck hieß es in der Kreisliga B Münster. Mit 2:1 siegten die Hausherren. Einem fragwürdigen Elfmeter in der 81. Spielminute sei Dank. Der die Gäste derart auf die Palme brachte, dass sich Schiedsrichter Klaus T. nicht anders zu helfen wusste und in der Folge gleich vier Gelb-Rote Karten gegen Mecklenbeck verteilte.

Was die wiederum, klar, mutmaßen ließ: Der Schiri muss betrunken sein! Das ließ der nicht auf sich sitzen, rief die Ordnungsmacht und wies noch an Ort und Stelle einen Blutalkoholwert von 0,0 Promille nach. Frei nach dem Lebensmotto aller Unparteiischen: Don't drink and pfeif!

Schiedsrichter – Deutsch / Deutsch – Hä?

Schiedsrichterdeutsch liest sich ja manchmal wie die kleine, nicht ganz so behaarte Schwester des Beamtendeutschs. Statt einer »Spontanvegetation« hinter einer »nicht lebenden Einfriedung« (Unkraut hinterm Zaun) ist dann im Spielberichtsbogen schon mal die Rede von »Verbringungen«, »in unsportlicher Weise nicht befolgten Handlungsanweisungen« oder »der Bitte um Folgeleistung«.

Doch auch die Unparteiischenprosa hat so ihre Momente. Momente karger Schönheit. Momente zwischen Fragezeichen und Glück.

So wie in einem Spiel zwischen der dritten Mannschaft des SV Alemania Kamp und der zweiten Mannschaft des TV Kapellen. Tatort: Kreisliga C, Niederrhein. Es läuft die 66. Spielminute, da der Schiedsrichter der Partie einen Regelverstoß ahndet, Kamps Kapitän Emre A. den gelben Karton zur Wahrnehmung führt und in die Ewigkeit des Spielberichtsbogens einschreibt: »Spielte mit einer goldenen Königskette.«

Eine goldene Königskette. Und so viele Fragen: Was ist das, eine Königskette? Warum wird man für das Tragen einer Königskette bestraft? Und warum erst nach der 65. Spielminute und nicht sofort bei Anstoß? Durfte der Übeltäter wenigstens Krone und Zepter aufbehalten?

Immerhin das Endergebnis der Partie ist bekannt: 9:0 für die Gastgeber um besagten Gelbsünder. Königlich.

Gelbe Karte für den Sieg

Es muss nicht immer ein Hund sein, der das Schlimmste verhindert. Es reicht auch ein Mitspieler. Bzw. eine Mitspielerin. So wie während der Partie der Damen vom 1. FC Lok Leipzig und KSV Holstein aus Kiel.

Deren Spielerin Justine P. startet zum Solo, lässt halb Leipzig Leipzig sein und bekommt den Ball schließlich auch an Torhüterin Carolin-Sophie H. vorbei. Dann rollt der Ball langsam seiner Glücksbestimmung entgegen, unaufhaltsam Richtung Torlinie.

Nicht mit mir, dachte sich in diesem Moment offenbar Leipzigs Ersatztorhüterin Griseldis Meißner, die sich praktischerweise gerade hinter dem eigenen Tor warm machte und kurzerhand beschließt, hier und jetzt ihrer Profession nachzugehen, ob sie nun spielt oder nicht.

Also hechtet sie auf das Spielfeld, hechtet dem Ball entgegen und befördert ihn mit einem mächtigen Satz aus der Gefahrenzone.

Und die Folge? Gelbe Karte für die Ersatztorhüterin und kein Tor für Kiel. Die das Spiel schließlich mit 1:2 verlieren. Und das, zumindest den Regeln entsprechend, vollkommen zu Recht. Denn wie heißt es in Regel 12, Punkt 18 der Erläuterungen des Deutschen Fußball-Bundes? Genau: »Betritt ein Auswechselspieler oder ausgewechselter Spieler unerlaubt das Spielfeld und erreicht durch das Wegspielen des Balles, dass ein Tor verhindert wird, so gibt es einen indirekten Freistoß an der Stelle, wo bei der Unterbrechung der Ball war und der Spieler wird lediglich verwarnt.«

Auch so eine Möglichkeit, die sich zum Beispiel gegen den FC Bayern einfach mal als Versuch eignen würde.

Standpunkt
Schiedsrichter

Immer und immer wieder wollen mehr oder minder pfiffige Funktionäre am Wesenskern vom eigentlich doch perfekten Fußball schrauben. Dann überlegen sie, Elfmeterschießen vor die Ligaspiele zu setzen, auf dass im Fall eines Unentschiedens nach 90 Minuten ein Sieger feststünde, nämlich jener, der das vorab ausgetragene Elfmeterschießen für sich entscheiden konnte. Was natürlich, so die Überlegung, dazu führen müsse, dass die im Elfmeterschießen unterlegene Mannschaft dann alles daran setze, innerhalb der 90 Minuten die Oberhand zu behalten. Und überhaupt, 90 Minuten. Dass die ja überhaupt nur auf dem Papier existieren, fiel den Regelhütern auf, und also überlegten sie, eine Netto-Spielzeit von 60 Minuten einzuführen, die nur dann an Zeigern dreht, wenn der Ball auch wirklich im Spiel ist.

Mithin ein Vorschlag, der zumindest beim Schiedsrichter der Bezirksliga-Partie zwischen Dostlukspor Bottrop und BW Weseler Zebras auf Interesse stoßen sollte. Denn der ließ im Sommer 2007 insgesamt satte 28 Minuten nachspielen, allein 13 davon in der ersten Halbzeit.

Und das alles nicht etwa vornehmlich aus Gründen der Regelhütung, sondern einzig und allein im Interesse der Fans: »Ich habe den Standpunkt, dass ein Zuschauer, der Geld für 90 Minuten bezahlt, auch 90 Minuten zu sehen bekommen sollte. Wenn der Trainer der Meinung ist, auf Zeit spielen zu müssen, muss er damit rechnen, dass länger gespielt wird«, schrieb der Schiedsrichter in einer Stellungnahme.

Das Spiel endete übrigens 4:2 für Wesel. Wann die Tore gefallen sind, ist leider nicht mehr festzustellen. Vermutlich aber irgendwann zwischen der ersten und 118. Minute. Wie das so ist beim Fußball.

Noch so ein Foul, dann gibt's Perso

Schiedsrichter sind auch nur Menschen. Und weil das so ist, sind sie manchmal auch ganz furchtbar vergesslich. So wie Schiedsrichter Senad J., der kurz vor einer Kreisliga-B-Partie zwischen dem TSV Berkheim III und dem TSV Harthausen bemerkte, dass er zwar sehr wohl sich selbst an Ort und Stelle gebracht, aber sein Werkzeug vergessen hatte.

Eine Pfeife ließ sich im Klubheim der Gastgeber noch recht zügig finden, nur Gelbe und Rote Karte sind auf die Schnelle partout nicht aufzutreiben. Doch Schiri J. ist nicht nur auf dem Platz pfiffig und weiß sich zu helfen:

> »Ich habe in meine Brieftasche geschaut und gedacht: Mein Personalausweis ist grau, der kann auch als Gelbe Karte durchgehen. Und meine Bankkarte von der Kreissparkasse nehme ich dann als Rote Karte.«

Die beiden Teams zeigten sich damit einverstanden, das Spiel konnte stattfinden. Die Bilanz der Begegnung: Harthausen gewann mit 4:1, Schiedsrichter J. zeigte sechsmal Personalausweis und kurz vor Schluss sogar die Personalausweis-Bankkarte-Karte.

Immer frei nach dem guten, alten Kreisliga-Motto: »Schiri, der hatte schon Perso!«

Niederschlagende
»Fans«

Leider auch immer wieder ein Thema im Amateurfußball: Gewalt. Ob Spieler gegen Spieler, Spieler gegen Schiedsrichter, Fans gegen Schiedsrichter oder Fans gegen Fans – die Spielarten der menschlichen Niedertracht kennen kaum Grenzen. Und trotzdem gibt es auch unter den Tieffliegern immer mal Ausnahmen. So wie beim Kreisliga-C-Spiel zwischen dem SV Epterode und dem SSV Witzenhausen II.

Fünf Gelb-Rote Karten hatte der Unparteiische Ralf B. bereits verteilt, als er nach 70 gespielten Minuten und beim Stand von 4:4 nur noch eine Möglichkeit sah: Spielabbruch.

Aber nicht etwa, weil die Akteure auf dem Feld ihres üblen Foulspiels einfach nicht Herr wurden, sondern weil zwei »Fans« der Gäste aus Witzenhausen auf den Platz gerannt waren, um einen Spieler der Gastgeber zu attackieren. Ein Unding, befand deren Kapitän Benjamin B., stellte sich vor seine Mitspieler und zwischen die mittlerweile hinzugeeilten Unparteiischen sowie die Angreifer und kassierte dafür prompt die Quittung – in Form eines amtlichen Knockouts.

So blieb es beim Unentschieden. Das nur Verlierer kannte.

Ein Schiri sieht rot

Aber es geht auch anders. Und das ausgerechnet in der ansonsten für ihre Neutralität zu Recht gerühmten Schweiz. Der Tatort: Luzern. Die Tatbeteiligten: der Luzerner Sportclub, die Gäste der Breitensportabteilung des FC Luzern und der Schiedsrichter der Partie.

Gerade einmal zehn Minuten waren gespielt, als die Begegnung beim Stand von 0:0 abgebrochen wurde.

Nachdem der Schiedsrichter einem Spieler der Gäste die Gelb-Rote Karte zeigte, zeigte sich dieser wenig einverstanden mit der Entscheidung und trat dem Spielleiter gegen das Schienbein. Hätte er lieber bleiben lassen. Erstens, weil sich das nicht gehört. Und zweitens, nun ja, weil der Schiri dieser Partie darauf schlicht und ergreifend selbst rot sah, und zwar im wörtlichsten Sinn, und ordentlich austickte.

So habe er versucht, den Spieler zu packen und ins Gesicht zu schlagen. Der Angegriffene jedoch konnte sich dem Erstschlag erwehren und umgehend die Flucht ergreifen. Woraufhin der Schiedsrichter wiederum sofort die Verfolgung aufnahm und weiterhin versuchte, des Ziels seines Zorns habhaft zu werden.

Zum Glück boten die übrigen Spieler beider Teams wenigstens in dieser Situation eine geschlossene Mannschaftsleistung, so dass sie den aufgebrachten Unparteiischen schließlich mit aller Kraft und zu zehnt einfangen konnten.

Nachdem sich daraufhin zumindest das Gemüt des Schiris beruhigt hatte, wollte dieser die Partie sogar noch fortsetzen. Fand mit dieser Idee allerdings keine Anhänger mehr.

Komisch.

Gelbe Karte wegen
Fairplay

Gut gemeint ist das Gegenteil von gut gemacht, weiß der Volksmund. Dachte sich offenbar auch der Schiedsrichter des Spiels zwischen dem Duisburger FV II und dem SV Duissern in der Kreisliga B und sah in der vermeintlichen Fairplay-Geste von Duisserns Thomas K. den Anstoß einer Unsportlichkeit.

Nur noch fünf Minuten waren auf der Uhr, das Spiel, welches schließlich mit 7:2 für die Gastgeber endete, längst entschieden, da K. im Laufduell mit Duisburgs Stürmer Sergen Ö. den Ball zur Ecke klärte.

Denkste, dachte sich der Schiri und entschied auf Abstoß für Duissern. Nix da, dachte sich Verteidiger K., schnappte sich den Ball und legte ihn den Gastgebern zum Eckball hin. Von wegen, dachte sich wiederum der Schiri und zeigte erneut Abstoß an. Woraufhin hin Sportsmann K. offenbar den Scheibenwischer in Richtung des Unparteiischen machte. Zu viel für den Spielleiter, der dem bereits verwarnten K. die Ampelkarte unter die verdutzte Nase hielt.

Doch damit nicht genug der Posse. Weil sowohl die Spieler der Gastgeber als auch die Spieler der Gäste mit dem des Platzes verwiesenen K. sympathisierten, spielten sie eine Abfolge der Marke »Aha« in den Abend.

Nach vom Schiedsrichter verhängten Abstoß verbrachten die Duissener den Ball postwendend ins Toraus – Ecke für Duisburg. Die den Ball wiederum sofort und von sich aus ins Aus spielten – Abstoß für Duissern.

Womit schlussendlich sowohl der Schiedsrichter als auch das Fairplay zu ihrem Recht kamen. Schön. Schön bescheuert.

Wo ist der Hund?!

Spielunterbrechungen können die unterschiedlichsten Gründe haben. Das Wetter kann Kapriolen schlagen. Spieler können Gegner schlagen. Einen Flitzer kann es auf den Rasen verschlagen.

Spielunterbrechungen können aber auch die Schiedsrichter betreffen. Die von Krämpfen geplagt den Dienst quittieren oder für das Richten ihrer Ausrüstung ein bisschen Zeit gewinnen müssen. Denn, und das vergisst man ja von Zeit zu Zeit: Auch Schiedsrichter sind Menschen.

Den ultimativen Beweis für das Menschsein des Unparteiischen an sich liefert folgende Begebenheit vom Niederrhein. Denn wer ist der beste Freund des Menschen? Richtig, der Hund! Und was bedeutet es also, wenn einem der Hund stiften geht? Korrekt, dass man ein Mensch ist!

Ein Mensch ist demnach Schiedsrichter Kalle d. J., dem im Spiel des SV 08/29 Friedrichsfeld gegen den SC Westfalia Anholt sein Pfiffi flöten ging. Oder um es mit dem Liveticker der Partie zu sagen: »Das Spiel ist unterbrochen. Grund dafür: Schiri Kalle d. J. sucht seinen Hund!«

Der übrigens wiedergefunden wurde. Menschenskinder.

Sieben irreguläre Tore

Eine Rolle, die man als angehender Schiedsrichter schon in der Theater-AG geprobt haben sollte: der Sündenbock. Ob Bundes- oder Kreisliga, Premier oder Champions League – jeder, ob Fan, Spieler oder Trainer, hat sich den Mann in Gelb/Schwarz schon zum Mond gewünscht; mal mehr, mal weniger begründet. Nur das, was einst in der österreichischen UPC Tirol Liga abging, hatte dann doch eine ganz eigene Qualität.

So hieß es in der Lokalzeitung: »1:8 verlor der SK Jenbach am Samstag zuhause gegen Wörgl. Jenbach-Trainer Roland Oberprantacher sah sein Team dabei kräftig benachteiligt. ›Sieben Toren von Wörgl ging eine Fehlentscheidung voraus.‹«

Nie war ein Unentschieden näher und zugleich weiter entfernt von einer Niederlage.

TRAINER

Linksaußen und Torhüter. Linksaußen und Torhüter haben einen Schuss. Sind bekloppt. Sagt man. Weil sie eine Sonderstellung einnehmen, weil sie eine seltene Gattung sind innerhalb der Spezies der Fußballspieler. Innerhalb des Kosmos Fußball. Noch seltener sind nur: Trainer. Und die, nur redet darüber niemand, als wäre es das Selbstverständlichste der Welt, haben allesamt einen gehörigen Knall. Müssen sie haben, denn sie sind ja alle größenwahnsinnig.

Oder ist es normal, über eine Gruppe von mindestens elf Mann, die da zu Spielbeginn auf den Platz laufen, zu verfügen? Ihnen Anweisungen mit auf den Weg zu geben, immer im Glauben, mit denen allein sei der Gegner zu bezwingen? Sie im Training zu scheuchen, immer im Glauben, nur dadurch allein würden sie zu besseren Spielern werden? So allmächtig, so bekloppt sind sonst nur noch Diktatoren. Und Lehrer.

Es ist eigentlich, sagen wir es frei heraus, bescheuert, dass Fußball vom Mythos des »elf Freunde müsst ihr sein«, vom Teamgedanken lebt, während an der Seitenlinie ein Autokrat herrscht. Der allein durch seine gewiefte Trainingssteuerung, Spielerauswahl und geniale Taktik über Wohl und Wehe einer Mannschaft zu bestimmen meint.

Das würde er zwar niemals sagen, allein schon weil ja heute selbst in der Kreisliga Trainer-Teams das Sagen haben und die obersten Übungsleiter die Floskeln vom »Team hinter dem Team« ebenso gut beherrschen wie ihre Wiedergänger im Profifußball. Am Ende sind es dann aber doch die Cheftrainer, die entscheiden. Die einzig und allein darüber befinden, welche Elf sie ins Rennen schicken. Es ist, als würde eine Mannschaft in schönster Selbstbestimmung in Richtung gegnerisches Tor stürmen, nur damit am Ende doch nur immer derselbe Spieler für den Abschluss verantwortlich zeichnet. Als würden nur seine Tore zählen.

Dabei ist die Allmacht der Trainer eine stumme Ohnmacht. Denn letztlich, Achtung Binse, können sie die Tore eben nicht selbst erzielen. Sie sind hilflose Zeugen des Geschehens. Sie sind die Drehbuchautoren und Regisseure ihres ganz eigenen Films. Und doch machtlos, wenn es um die Handlung geht. Eine Schizophrenie, die schwer auszuhalten, schwer zu akzeptieren ist. Weshalb Trainer sich dann selbst übertrumpfen wollen, immer und immer wieder. Weshalb Trainer sich dann einen Wolf tüfteln, in der Hoffnung, dann aber jede Unwägbarkeit ausgemerzt zu haben. In der Hoffnung, mit den richtigen Trainingsinhalten, den richtigen taktischen Vorgaben und der richtigen Spielerauswahl das Unmögliche möglich zu machen: dass das, was sie sich in ihrem Kopf ausgemalt haben, genau so auf dem Rasen eintritt.

Trainer sind arme Schweine. Sie sind die Fahrer eines selbstfahrenden Autos. Dem sie zwar ins Navigationsgerät ein Ziel eingegeben haben, von dem sie aber nicht wissen, ob sie es jemals erreichen werden. Und ob sie auf dem Weg dahin überhaupt auf der Straße bleiben.

Trainer sind bekloppt. Allesamt. Und das, das ist auch gut so.

Saufen, bis der Trainer kommt

Solide Mannschaftsführung von BSV Gleidingens Trainer Michael K., der seinen Jungs am Vorabend eines Spiels in der Kreisliga Hannover-Land via Lokalpresse mit auf den Weg gab: »Meine Spieler dürfen bis drei Uhr saufen gehen, danach kontrolliere ich in den einschlägigen Bars und Diskotheken.«

Und das trotz einer Anstoßzeit um 11:30 Uhr. Doch so richtig geschadet hat ihnen das lockere Lasso ihres Trainers nicht. Das Spiel ging zwar mit 0:1 verloren, aber in Promille umgerechnet ist das quasi ein Dreier mit Zusatzzahl.

Zum Geburtstag einen
SEK-Einsatz

Düsseldorfer Kreisklasse, A-Jugend. SC Rhenania Hochdahl gegen den SV Oberbilk, Endergebnis: 15:0. Zu viel für die Gemüter der Gäste aus Oberbilk. Als Trainer Göcer B. seinen Torhüter vor der Kabine zur Rede stellt, zückt dieser plötzlich eine Waffe. Erst später stellt sich heraus, dass es sich dabei »lediglich« um eine Pfeffersraypistole handelt. Diese Form der Bedrohung ließ der Trainer allerdings nicht auf sich sitzen. Zusammen mit seinem Sohn, so lauten die gesammelten Erkenntnisse, prügelte er auf den jungen Torhüter ein. Erst durch den Einsatz von Spielereltern der Heimmannschaft, dem SEK (!) und sieben Polizeiwagen konnte die Situation unter Kontrolle gebracht werden.

Die traurige Bilanz des Spiels: Der Torhüter, der am Sonntag 18 Jahre alt wurde, verbrachte seinen Geburtstag im Krankenhaus, Trainer B. wurde entlassen und die A-Jugend des Vereins vom Spielbetrieb abgemeldet.

Hose runter, Trainer weg

»Spieler lassen Hosen runter, Coach nimmt seinen Hut«, titelte die Lokalzeitung einst. Was war da nur passiert, beim MSV Pampow in der Verbandsliga Mecklenburg-Vorpommern? Ganz einfach: Siegestrunken vom 5:1-Auswärtserfolg beim FSV Einheit Ueckermünde posierten einige Pampower Spieler mit heruntergelassener Hose vor einem Ortseingangsschild der Landeshauptstadt Schwerin und posteten das Kunstwerk in einem nächsten, logischen Schritt auf Facebook.

Zur Überraschung aller Beteiligten konnte das Bild dort von aller Welt betrachtet werden. So dauerte es nicht sehr lange, bis auch die Sponsoren des Vereins auf diese eigenhändig initiierte Pampower Imagekampagne aufmerksam wurden und interessiert beim Verein nachzufragen begannen. Trainer Arne D. wollte die bevorstehenden Disziplinarstrafen derweil nicht länger abwarten, übernahm »die Verantwortung« und nahm also seinen Hut.

Ob ihm seine Spieler zum Abschied mit ihren blanken Hinterteilen salutierten, ist nicht überliefert.

Drei Punkte scheißt die Kuh

Wer trotz all der Brandreden, Interviews und Lothar Matthäus noch immer glaubt, Fußball sei kein Ort für Poesie, schärfe nun seine Sinne. Denn was sonst als Lyrik sind die folgenden Worte von Oliver R., Trainer des niederrheinischen Landesligisten VfB Speldorf?

»Wie man bei so einem Wetter sagt: Man muss Gras fressen. Das haben wir gemacht und am Ende hat die Kuh drei Punkte ausgeschissen.«

Das spricht für sich. Und so kommen hier also ohne jede Interpretation nur die harten Fakten hinter dem Kunstwerk zum Vorschein. Denn Poet R. hatte allen Grund zum lyrischen Überschwang.

Schließlich war der 2:0-Auswärtserfolg beim Duisburger SV 1900 nicht nur der erste Dreier auf fremdem Platz seit über fünf Monaten, sondern auch ein gewichtiger Befreiungsschlag im Kampf gegen den Abstieg. Oder wie schon Shakespeare wusste: »Die Kunst der Not ist wundersam: Sie macht selbst Schlechtes köstlich.«

Und manchmal scheißt die Kuh drei Punkte aus.

Hammer-Time

In der Westfalenliga spielte der DSC Wanne-Eickel 2:2 bei der SuS Lang-scheid/Enkhausen und damit keine Rolle mehr im Aufstiegsrennen. Das war tragisch für alle Fans und Beteiligten, aber an sich, mag man denken, noch kein Grund, Zeilen zu verschwenden. Den allerdings liefert Wan-ne-Eickels Trainer Martin S., der in Sachen abgefahrenem Aufstiegszug zu Protokoll gab:

»Wir kämmen uns ja auch nicht mit dem Hammer die Haare. Wahr-scheinlich ist der Deckel drauf.«

Die Leseempfehlung für dieses Goldstück von Alltagspoesie: Wirken lassen. Danke sagen.

Wie **Phönix** in der Asche

Aus der Reihe »Geile Interviews« lieferte der Trainer des SC Phönix Essen, Arndt K., anständig ab, da er verbal gehörig abpöhlte und dabei kein Blatt vor den Mund nahm. Beispiel gefällig? Aber gern:

»Ich bin kein Typ, der einen Spieler an der Pranger stellt, aber in diesem Fall werde ich das machen: Unser Torwart Marcel E. hat einen rabenschwarzen Tag erwischt und war ein Totalausfall.«

Doch nicht nur der Schlussmann bekam sein Fett ab:

»Die Mannschaft hat wie beim Kicktipp agiert, ohne jegliche Körpersprache, ohne die nötige Aggression, ohne Willen, ohne gar nichts. Das war eine beschämende Vorstellung und eine ganz große Frechheit! Eigentlich müssten wir unseren Zuschauern das Eintrittsgeld zurückgeben.«

Fazit: Den Mann würden wir gern mal zum nächsten Mittagessen bei den Schwiegereltern mitnehmen. #Truth

Ein Vorbild für
Jürgen Klopp

Lieber Jürgen Klopp, ist ja schön und gut, dass Sie den Kopf frei bekommen wollten von der Aufgabe in Dortmund, bevor Sie beim FC Liverpool unterschrieben. Schön und gut, dass Sie in Wimbledon und beim Basketball nach dem Rechten schauten und abnahmen, als wollten Sie bald weniger wiegen als ihr Haartransplantat. Aber wäre es nicht auch so gegangen wie beim FC Töging aus der Landesliga Bayern?

Dort nämlich hatte Trainer Mario R. nach vier Pleiten in Serie seinen Stuhl geräumt, nur um kurze Zeit später erneut als Trainer anzutreten – bei der Reserve des FC Töging. Und alles nur, weil R. stets betont habe, dem Verein zu helfen, so Hilfe not täte. Was für ein edler Zug!

Und was für ein Zeichen Richtung Dortmund das gewesen wäre! Denn dort hätte der zweiten Mannschaft ein wenig Hilfe ganz gut getan zwischendurch und kurz nach ihrem Abgang, da die Mannschaft in steter Abstiegsnot ihr Dasein fristete.

Aber Töging ist wohl einfach nicht Dortmund. Schreibt sich ja auch ganz anders.

Der scoutende
Polizisten-Trainer

Michael P. ist DFB-Stützpunkttrainer, Trainer des NOFV-Oberligisten 1. FC Frankfurt (Oder) und Polizeibeamter. Wer sich so viel zugleich aufbürdet, braucht ein gutes Zeitmanagement und den Synergieeffekt als tägliches Mantra. So wie P., der nicht nur Enthusiast, sondern offenbar auch ziemlich pfiffig ist. Und so ließ er sich für das Spiel des BSV Hürtürkel aus Berlin-Neukölln gegen den FSV Union Fürstenwalde prompt als Polizist einsetzen, wie die Lokalzeitung zu berichten wusste: »Pohl hatte sich freiwillig gemeldet, konnte damit zugleich Spielbeobachtung betreiben.« Genial! Da die Frankfurter aber trotz des unbändigen Einsatzes ihres Trainers im steten, tiefsten Abstiegskampf stecken, kann man nur hoffen, dass es nicht irgendwann zum Äußersten und also zu Schlagzeilen wie dieser kommt: »Frankfurter Trainer und Polizist setzt Gästeteam vor Anpfiff wegen Bagatelle fest.«
Obwohl ...

Bratwurst
trainiert Vierlinden

»Ein Trainer ist nicht ein Idiot«, diktierte uns Giovanni Trapattoni einst ins Gewissen. Fast zwei Jahrzehnte später möchte man entgegnen: Ein Trainer ist nicht ein Idiot, kann aber eine Bratwurst sein. Zumindest wenn es nach Thorsten M. geht, selbst Trainer beim SC Blau-Weiß Oberhausen-Lirich. Die spielten gegen DJK Vierlinden, fiedelten sie mit 4:1 vom Platz und schenkten auch nach dem Schlusspfiff noch ordentlich ein.

»Wenn Vierlinden einen vernünftigen Trainer hätte, wäre die Mannschaft mit uns gleichauf. Der Trainer ist eine Bratwurst, der kann überhaupt nichts. Er sollte nur für das Warmmachen zuständig sein und den Spielern die Füße massieren. Genau das habe ich ihm auch nach dem Spiel gesagt«, polterte M. in Richtung seines Kollegen Ahmet T.

Der konterte erhaben: »Diese Arroganz und provokative Art von Herrn M. kann ich nicht verstehen. Er sollte mal sehen, wo wir vor zwei Jahren hier in Vierlinden waren, und sich mal an die eigene Nase packen. Er hat anscheinend nie gelernt, was Ehre ist, und hätte einem, als er bei uns zu Gast war, auch mal die Hand geben können. Es ist immer noch Sport und man sollte den Respekt untereinander nicht verlieren.«

Es geht eben heiß her in der Bezirksliga 6, Niederrhein. Beweist übrigens auch folgende Petitesse: Die zum Glück einzige Rote Karte des Spiels kassierte Vierlindens Stürmer Benjamin K. – für ein Foul an seinem Bruder Nikola.

Der Trainer knipst voran

Fast schon ein alter Hut: Der sich selbst einwechselnde Trainer als Siegtorschütze. Und aus ewiger Angst vor der Wiederholung, denn Wiederholung ist Tod, machen wir es kurz. In der Woche zuvor noch dramatisch per entscheidendem Elfmeter erfolgreich, ballerte sich dieser Selbsteinwechsler der Woche fast schon unterkühlt und berechnend in die Statistik. 2:2 stand es in der ersten Kreisklasse München und fünf Minuten vor Schluss zwischen dem SV Haimhausen und dem SV Niederroth, da sich Gästetrainer Markus W. ins Spiel tauschte, um keine 60 Sekunden später den Siegtreffer zu besorgen. 60 Sekunden! Kann man mal so machen, denkt man sich. Kann er ruhig wieder so machen, werden sie sich in Niederroth denken.

Munition
im
Mannschaftsbus

Aus der Reihe »Trainer, wie sie sein sollten«: Oliver Z. vom SV Eichede in Schleswig-Holstein. Der war nach dem 2:0-Auswärtserfolg seiner Jungs beim TSB Flensburg derart zufrieden mit der Leistung der Mannschaft, dass er der Truppe nach Abpfiff eine eindeutige Marschroute an die Hand gab: »Ich habe die Parole ausgegeben, dass sie richtig Gas geben und diverse Locations besuchen sollen. Unser Bus ist voller Munition!«

Die Mannschaft folgte den Anweisungen ihres Erfolgscoaches auch abseits des Rasens bedingungslos und vergnügte sich ausgiebig im »Fun-Parc Trittau«. Motto des Schuppens: »Welcome to Party Land – where the party never ends«. Erhellende Randnotiz auf der Homepage des Clubs: Sonntag bis Donnerstag geschlossen.

Ungeschlagen entlassen

Zwölf Ligaspiele durfte Trainer Guido N. den Landesligisten FSV Duisburg in der Saison 2015/16 betreuen, ehe ihm die Entlassungspapiere gereicht wurden. Und das, obgleich keines der Spiele unter seiner Führung verloren ging. Ganz im Gegenteil: Neun Siege und drei Unentschieden standen für ihn zu Buche. Neun Punkte Rückstand auf den Tabellenführer hatte das Team bei seinem Amtsantritt. Bald war der Abstand auf mickrige drei Zähler geschmolzen. Und dennoch folgte der Rauswurf. Weil man in Duisburg, wie Präsident Erol A. sagte, der Meinung war, dass »wir aus den letzten beiden Spielen mehr Punkte hätten holen müssen«.

Vermutlich sieben.

Der »kalkulierte«
Platzverweis

Und jetzt, mal wieder: Trommelwirbel. Ein »Ehrenplatzverweis« geht an Ercan Ü., Trainer der zweiten Mannschaft der SG Eintracht Bad Kreuznach. Der wollte im Spiel gegen den SV Türkgücü Ippesheim eigentlich nur einen Gelb-Rot-gefährdeten Spieler auswechseln. Doch weil der sich beim Verlassen des Platzes und nach dem Geschmack des Schiedsrichters zu viel Zeit nahm, gab es den Platzverweis dann eben trotzdem. Eine zu harte Entscheidung, fand Coach Ü. und wurde dem Unparteiischen gegenüber deutlich:

»Du bist genauso dumm wie mein Spieler!«, rief er ihm ans offenbar noch bestens funktionierende Ohr – Platzverweis. Was unseren Preisträger allerdings nachdenklich stimmen sollte: Seine Mannschaft kam nach 1:3-Rückstand ganz ohne ihn und trotz Unterzahl noch zum 3:3-Unentschieden. Aber weil wir hier ja quasi einer Laudatio beiwohnen, behaupten wir einfach mal – das war blankes Kalkül.

Appsteiger

»Laptop-Trainer«, wütete Mehmet Scholl über die junge Trainergarde all der »Kursbester-Gesichter«, die die Theorie über alles stellen und dabei das Wesentliche vergessen würden: den Menschen. Wie Unrecht unser Lieblings-Mehmet doch hat, zeigt ein Blick in die Kreisliga Schaumburg. Dort trainiert Marc G. den SC Auetal. Und dessen steter Begleiter ist nicht etwa ein Laptop, aber sein Tablet.

Denn damit stehe er am Seitenrand und vermerke alles, was sich nur irgend vermerken ließe. So habe er sich eine Trainer-App besorgt. Dort speichere er alles ab: »Trainingsbeteiligungen, Einsatzzeiten, Ecken, Freistöße, Elfmeter und vieles mehr.« Ob der appsolute Technikglauben tatsächlich für Mehrwert sorgt?

Ausgerechnet die Zahlen sprechen einstweilen dagegen. Zum Zeitpunkt der digitalen Revolution stand der SC Auetal auf dem sechsten Platz und damit deutlich hinter dem Punkteschnitt der Vor- und tabletlosen Saison. Derweil man kaum erwarten kann, dass »Zettel«-Ewald Lienen von dieser App Wind bekommt.

Wenn der Trainer für den Konkurrenten aufläuft

Was tut man nicht alles aus Liebe?! Man besucht Schwiegereltern, deren Gesprächsführung unter die Genfer Konventionen fallen sollten. Man geht als begleitendes Elternteil auf die Konzerte irgendeiner Pop-Sensation, deren Liveperformance zwischen Epileptiker-Test und Frühwarnsystem für den Untergang der Menschheit variieren. Oder man schnürt die Fußballschuhe für ein gegnerisches Team aus derselben Spielklasse.

So wie Marco H., Trainer der SV Gremberg-Humboldt aus der Kreisliga A. Dessen Mannschaft hatte zwar schon so gut wie sicher den Klassenerhalt eingefahren, allerdings auch durch zwei Saisonsiege gegen den Ligakonkurrenten SC Brück. Dem wiederum zum Ende der Saison die Puste und die Spieler ausgingen, so dass der Spielbetrieb arg gefährdet war. Was dazu führte, dass man sich beim SC Brück ernsthaft mit dem Gedanken trug, den Spielbetrieb Spielbetrieb sein zu lassen und der Liga Lebewohl zu sagen. Das allerdings hätte, willkommen am Ende der gedanklichen Achterbahn, dazu geführt, dass sämtliche absolvierten Saisonspiele des SC Brück aus der Wertung genommen worden wären, womit also der SV Gremberg-Humboldt sechs Punkte weniger und den Klassenerhalt plötzlich so gar nicht mehr sicher gehabt hätte.

Und was also tut man nicht alles aus Liebe?! Richtig, man sorgt höchstselbst dafür, dass der Ligakonkurrent konkurrenzfähig bleibt, kramt seinen alten Spielerpass aus der Erinnerungskiste und spielt, obgleich Trainer der SV Gremberg-Humboldt, für den SC Brück. So wie Marco H., der Teufelskerl.

Dass offenbar nicht nur der Spielerpass, sondern auch H. etwas angestaubt war, da seine Interimsmannschaft im folgenden Ligaspiel gegen den TFC Köln mit 0:32 unterging, war nicht weiter schlimm. Zumal H. selbst lediglich eine Halbzeit lang mitspielen konnte, denn: »Ich hatte einen Ganzkörperdefekt.«

Für den Arsch

Es gibt die verschiedensten Gründe, weshalb ein Trainer einen seiner Spieler bereits nach einer halben Stunde wieder vom Platz nimmt: Leistungsgründe, Platzverweisgefahr, irgendwas mit Taktik.

Nichts davon hingegen traf auf die Auswechslung von ESV Hönebachs Marcel K. beim Spiel bei der SG Sorga/Kathus zu, da diese im Liveticker der Partie wahrheitsgemäß wie folgt erklärt wurde: »Plötzlicher Stuhlgang«.

Und immerhin war dem Stürmer bereits in der dritten Minute das 1:0 für seine Mannschaft gelungen, doch auch dieses Glücksgefühl konnte nicht darüber hinwegtäuschen, dass die Natur über kurz oder lang zu ihrem Recht kommen musste. Oder um es mit den Worten des Betroffenen zu sagen: »Bei der Passkontrolle vor dem Spiel in der Kabine hatte ich schon gemerkt, dass ich aufs Klo muss – aber da war keine Zeit mehr, da ging das Spiel schon los.«

Wie das so ist, wenn die Pflicht lauter ruft als ein ganzer Darmtrakt.

RECHT UND ORDNUNG

Deutschland ist ja für so einiges bekannt. Und wird für so einiges davon in aller Welt geschätzt. Für seine Automobilindustrie. Für seine Waffenindustrie. Für seine Chemieindustrie. Made in Germany. Ein Gütezeichen.

Deutschland und seine Deutschen sind aber auch bekannt als: Handtuch-Reservierer, Zum-Lachen-in-den-Keller-Geher und Disziplin-Fanatiker.

Und damit die zu ihrem Recht kommen, damit alles in vernünftiger Ordnung verweilt und alles seine Richtigkeit hat, hat der Deutsche eine innige Liebe zu Regel und Gesetz entwickelt.

Er hat die DIN-Norm erfunden, das Ordnungsamt und die deutsche Kleingartenverordnung. Mit Blick auf das deutsche Regelwesen dürfte sich die Frage nach der Existenz von Gott eigentlich längst erübrigt haben. Denn wofür es in Deutschland keine Regeln gibt, das existiert auch nicht.

Nach Paragraf 1314, Absatz zwei des Bürgerlichen Gesetzbuches ist eine Ehe nicht gültig, wenn: »1. ein Ehegatte sich bei der Eheschließung im Zustand der Bewusstlosigkeit befand; 2. ein Ehegatte bei der Eheschließung nicht gewusst hat, dass es sich um eine Eheschließung handelt.«

Das ist aber noch nichts im Vergleich zu Paragraf 328 Absatz 2.3 des Strafgesetzbuches, in dem es heißt: »Wer eine nukleare Explosion verursacht, muss mit einer Freiheitsstrafe von fünf Jahren oder einer Geldstrafe rechnen.«

Von Freiheitsstrafen ist man bei den Regelverstößen, die der Amateurfußball so mit sich bringt, zum Glück noch weit entfernt. Geahndet werden Disziplinlosigkeiten und Regelverstöße natürlich trotzdem. Immer frei nach Paragraf eins des Fußballgesetzbuches: Haste Scheiße am Fuß, haste Scheiße am Fuß.

Ball in Nachbars Garten? 250.000 Euro!

Vielleicht gibt es ja auch deswegen keine Straßenkicker mehr, weil die Nachbarn immer Stress machen, wenn mal wieder ein Ball in den Weiten ihres Hoheitsgebiets gelandet ist. Das eigene Rosenbeet scheint eben wichtiger als der nächste WM-Titel.

Schlägt ein Ball in Nachbars Garten ein und nicht zwischen den Querstangen der heimischen Hollywoodschaukel, die für den Moment als Ersatz für das Tor des Wembley-Stadions herhalten mussten, droht Ärger. Der Ball wird vorerst einkassiert, die Ohren mehr oder weniger symbolisch langgezogen und die Eltern beim nächsten Wiedersehen zugetextet: »IHR KIND HAT SCHON WIEDER EINEN BALL IN MEINEN GARTEN GESCHOSSEN. DAS IST DAS LETZTE MAL. DAS LETZTE MAL! DANACH BEHALTE ICH DEN BALL ABER WIRK-LICH ENDGÜLTIG. SO GEHT DAS NICHT. ES GIBT SCHLIESSLICH REGELN.«

Und weil Eltern auf diese Gespräche so viel Bock haben wie auf drei Elternabende mit »Bitte Kuchen mitbringen« hintereinander, heißt es dann: »Kind, im Garten ist Schluss. Der Rasen sieht auch schon ganz mitgenommen aus. Außerdem könnt ihr doch auf den Bolzplatz gehen. Oder im Verein spielen.«

Doch der nächste Bolzplatz ist erstens eine gefühlte Europapokal-Auswärtsfahrt entfernt und wird zweitens meistens von denen besetzt, die einem schon in der Schule das Leben schwermachen. Und im Verein ist der Spieltrieb ungefähr so gefragt wie ein Clown auf einer Beerdigung. Lieber will der Trainer, der es fast mal in die Landesauswahl geschafft hätte, wenn ihm nicht das Kreuzband gerissen wäre, Taktikübungen durchexerzieren. Ist schließlich wichtig, dass die Elfjährigen wissen, wie sie sich in den verschiedenen Systemen im Raum zu verhalten haben. Und das trainiert sich eben am besten ganz ohne Ball.

Und sollte es im Verein all den Hindernissen zum Trotz doch end-lich ans heiß geliebte Spielgerät gehen, holt einen der deutsche Nachbar wieder ein. So wie in Dessau. So wie bei der TuS Kochstedt, auf dessen

Nachbargrundstück immer mal wieder Bälle landeten. Oder, um genau zu sein: 11 Bälle (im Jahr 2013), 51 Bälle (2014) und 154 Bälle (2015). Zählen kann der Nachbar schließlich. Klagen auch.

Und weil in Deutschland auch die Justiz stärker ist als der Wunsch nach dem nächsten WM-Titel, gab ihm das Oberlandesgericht Naumburg schließlich Recht und verkündete folgendes Urteil: Sollten zukünftig mehr als 52 Bälle pro Jahr auf des Nachbars Grundstück fliegen, droht ein Bußgeld von bis zu 250.000 Euro.

Womit allerdings auch feststeht: Sollte der entscheidende Fehlschuss bei der Weltmeisterschaft 2030 von einem jungen Mann aus Dessau verübt werden, kann sich das Oberlandesgericht Naumburg auf etwas gefasst machen!

Höhere Gewalt

Manche Niederlagen lassen sich gar nicht erklären. Manche mit dem Schiri oder der Welten Ungerechtigkeit. Und wie erklärte sich eine 1:2-Niederlage der SV Neuringe 1961 beim TuS Haren? Wenn es nach Mannschaftsbetreuer Matthias B. geht, ganz einfach: »Wir hatten hier drei Tage Schützenfest. Was willst du da machen?«

Leuchtet ein.

Halli-Galli
in Reeeehmscheid

Eines musste man Thorsten Legat lassen: Seitdem er beim FC Remscheid als Trainer eingestiegen war, stimmte es zumindest in Sachen Medienpräsenz. Beispiel gefällig? Aber gern: Ein Polizeieinsatz während des Kreispokalspiels bei der TG Hilgen. Doch die Beamten wurden nicht etwa gerufen, weil die Anhänger beider Klubs oder gar die Mannschaften aneinandergeraten waren. Nein, der Einsatz galt einzig und allein der Kabine des FC Remscheid, in der zwei Remscheider Spieler offenbar so heftig in Streit geraten waren, dass es einer höheren Ordnungsmacht als der von Coach Legat bedurfte. Und das, obwohl seine Jungs das Spiel mit 6:2 gewonnen hatten.

Aber nun die gute Nachricht: Die anfänglichen Meldungen über in der Folge erstattete Anzeigen wegen Körperverletzung haben sich zum Glück als haltlos erwiesen. Eine Anzeige gab es gleichwohl – wegen Beamtenbeleidigung. Denn was sich die beteiligten Spieler zu sagen hatten, fiel zwar zumindest für Remscheids Geschäftsstellen-Leiter Lothar S. unter »A« wie Alltag: »Wir sind Fußballer und keine Synchronschwimmer, derartige Auseinandersetzungen gehören einfach zum Fußball.«

Nur eben nicht zum Umgang mit Polizisten.

Strafe für Fairplay

Diepholz. Das New York des Eremiten. Und Heimat großer Sportsleute. Wie etwa der gesammelten Mannschaft der TSG Seckenhausen-Fahrenhorst aus der Kreisliga Diepholz. Die verbuchten einst in insgesamt 30 Saisonspielen keine 28, keine 27, sondern lediglich 26 Gelbe Karten! Und so beschied auch der niedersächsische Fußballverband nach akribischer Analyse: Sie sind die Fairsten. Na ja, die Zweitfairsten.

Von insgesamt 1.012 im Verband registrierten Vereinen war in der Saison 2014/15 nur noch der MTV Barum fairer. Die dafür mit einem dreitägigen Trainingslager-Aufenthalt entlohnt wurden. Während die Jungs aus Seckenhausen-Fahrenhorst mit einer schnöden Ehrung in einem Garbsener Restaurant vorliebnehmen mussten. Nachdem ihnen zuvor übel mitgespielt wurde: Die Mannschaft wurde zur Bundesligapartie Hannover 96 gegen Darmstadt 98 »eingeladen«.

Opfer gegen Opfer

Auch ein Krimi: die Partie zwischen dem FC Konzenberg und Türk Genclerbirligi Günzburg II. Dessen Ergebnis vor Gericht ermittelt wurde. Denn das Spiel hatte es in sich. Einem Foulspiel folgten Rudelbildung und Tätlichkeiten, so dass sich der Schiedsrichter nach einer ersten Spielunterbrechung nicht in der Lage sah, die Partie wieder anzupfeifen.

Die mündliche Anhörung, die das Sportgericht anschließend anberaumt hatte, warf eher noch dunklere Schatten auf das Geschehene. Und so lautete das ungewöhnliche Urteil: Niederlage für beide Teams, jeweils 0:2 Tore und 50 Euro (!) Strafe. Denn nach den einvernommenen Zeugenaussagen fand sich kaum noch jemand, der sich nicht an den Tumulten beteiligt haben wollte. Einziger Trost: Die Paarung gab es zumindest in dieser Saison nicht erneut – das Aufeinandertreffen war zum Glück bereits Teil der Rückrunde in der B-Klasse Donau-West.

Ins Eigentor
geprügelt

Kaum etwas im Fußball ist so sinnbildlich für das Leben wie das Eigentor. Da versucht man sein Möglichstes, Schaden abzuwenden. Meist, wenn es für alle anderen ersichtlich längst zu spät scheint. Dann bestrafen einen das Leben wie der Fußball zumeist damit, dass man den Schaden nicht nur nicht abwendet, sondern auch noch selbst verursacht. Und dabei so dämlich und unnütz ausschaut wie eine Solarleuchte im Keller.

Doch auch die Dämlichkeit kennt Ausnahmen, für deren Einordnung erst noch Schubläden gezimmert werden müssen. Hier ein Auszug aus einer norddeutschen Lokalzeitung aus dem Mai 2016: »Beim 5:2 von Wandsetal 1 bei Haak Bir musste der Gastgeber ein Eigentor hinnehmen, weil der Torwart sich hinter dem Gehäuse mit einem Zuschauer prügelte, als sein Verteidiger den Ball zurückspielte. Ansonsten war das Spiel bei drückenden Temperaturen bis auf die Tore relativ ereignislos.«

Womit geklärt wäre: Relativ ist relativ relativ.

Malle ist nur einmal im Jahr

Auch das kennt man: Der Anpfiff zur heiß ersehnten Partie verzögert sich. Weil der Mannschaftsbus im Stau steht. Weil die unerwartet zahlreichen Zuschauer erst noch ins Stadion gelassen werden müssen. Oder aber, weil die Mannschaft noch auf Mallorca festsitzt.

So informierte der SuS Neunkirchen 09, Oberligist aus Westfalen, kurz vor dem letzten Heimspiel einer Saison gegen die zweite Mannschaft von Arminia Bielefeld via Facebook: »Da unsere Mannschaft verspätet aus Mallorca kommt, wird das Spiel erst um 16.15 Uhr angepfiffen.« Statt wie ursprünglich geplant um 15 Uhr.

Das Spiel endete dann übrigens mit 1:6 – es war die höchste Saisonniederlage. Wie gesagt: Man kennt das.

Herr B.
gegen die
Welt

Es war einmal Herr B. aus Klötze in Sachsen-Anhalt. Herr B. war ein Bauer. Er hatte ganz viele Gerätschaften und viel zu wenig Platz dafür. Doch Herr B. hatte Glück! Denn in seiner unmittelbaren Nähe verkaufte jemand ein Stück Land. Dass es sich dabei um das mittlere Drittel des Fußballplatzes handelte, auf dem der örtliche TSV Kusey, die Schule und die Kita dem Ball nachjagten? Das war dem Herrn B. egal: »Die Gemeinde hätte das Grundstück ja auch selbst kaufen können, aber sie hat gepennt. Ich brauche das Land dringend!«

Doch womöglich liegt in dieser Rücksichtslosigkeit auch eine Chance für die Zukunft, da es irgendwann heißen wird: Und so wurde das Mittelfeldgeplänkel abgeschafft und der TSV Kusey Deutscher Meister 2025.

Bier her oder Nase!

Aus der Reihe »Kalendersprüche, die von Zeit zu Zeit eintreffen, und wenn, dann aber zielsicher und geschmeidig in Richtung ›richtig dämlich!‹ laufen«: »Gut gemeint« ist das Gegenteil von »gut gemacht«.

Wie im Fall der westfälischen Giganten 1. FC Gievenbeck und Wacker Mecklenbeck. Vom Brauereisponsor des örtlichen Kreispokals eingeladen, die erfolgreiche Saison abzufeiern, bestiegen beide Teams einen Bus und machten sich auf Achse – Brauereibesuch inklusive.

Doch was in Seligkeit enden sollte, gipfelte in einer handfesten Auseinandersetzung und blutigen Nasen. Wie es so weit kommen konnte? Im Duktus der dazugehörigen Polizeimeldung liest sich das so: »Auslöser der Raufereien war offensichtlich ein Streit über die Verteilung von Bierkisten im Bus.«

Was auch sonst?!

Kroatische Kette

Der TSV Hengersberg führte die A-Klasse Deggendorf zwar mit vier Punkten an, wollte aber für die Rückrunde dennoch nichts dem Zufall überlassen. Ab ins kroatische Trainingslager also, auf dass sich die Mannschaft innerhalb von vier intensiven Tagen die Grundlagen für den Aufstieg hole. Doch noch ehe die Schinderei in die Gänge kam, joggte sich Mittelfeldspieler Johannes O. in die nahe gelegene Kleinstadt und wurde dort prompt – verhaftet!

Die Polizei verdächtigte den 28-Jährigen, an einem Überfall auf ein Café beteiligt gewesen zu sein. Da die Polizisten weder Englisch noch Deutsch sprachen, O. kcin Kroatisch und keinen Ausweis vorweisen konnte, schleppten ihn die Beamten in enger Manndeckung zum Ort des Verbrechens. Erst dort gab es die ersehnte Entwarnung; der überfallene Café-Betreiber konnte den Beschuldigten im Rahmen einer Gegenüberstellung entlasten.

Der seither vermutlich vor allem eines ist: pro Videobeweis!

Du Paragraf!

Suspendierungen gehören zum Fußball wie Spielerfrauen und Schambeinjucken nach einem Torsalto. Und auch die Gründe sind allgemein bekannt: Doping- bzw. Drogenprobleme, nächtliche Disko-Infernos oder eine fortwährende Trainingsleistung, so anregend wie ein kalter Kaffee im Bordbistro der Deutschen Bahn.

Anders ging es beim FC Strausberg aus der NOFV Oberliga-Nord zu. Dort hieß es auf der Vereinshomepage über Mittelfeldspieler Marc R.: »Nachdem er schon in der Vergangenheit durch Disziplinlosigkeiten bereits unter dem alten Trainer (…) aufgefallen war, brachte ein Disput am Freitagabend im Abschlusstraining das Fass endgültig zum Überlaufen. Trainer und Verantwortliche sahen, nachdem der Spieler eine auch strafrechtlich relevante Wortwahl für angebracht erachtete, keine andere Wahl als die fristlose Kündigung.«

Eine »strafrechtlich relevante Wortwahl« also. Vermutlich so etwas wie: »Hey, Trainer, ich komme dir gleich mit Paragraf 18, aber Absatz 2. Und wenn du dann noch auf Eigenbedarf nach §17, 3, ff bestehst, geb ich dir deine Mutter. Als Präambel, du Paragraf!«

Wechsel hinter schwedische Gardinen

Es gibt Vereine, da verlässt der Topspieler den Klub, weil er andernorts die »sportliche Herausforderung« sucht. Es gibt Vereine, bei denen der Topspieler der Gesundheit wegen aufgeben muss. Und es gibt den SC Rinteln.

Der Verein aus der Bezirksliga Hannover nämlich verlor seine Topspieler ganz ungünstig an die niedersächsische Polizei. Die hatte den 28 Jahre alten S. wegen gewerbsmäßiger Erpressung in Gewahrsam genommen. S. soll Bilder von sich selbst und von Mannschaftskameraden in einem Datingportal für homosexuelle Männer hochgeladen haben, darüber Männer getroffen und ihnen gedroht haben, deren sexuelle Neigung öffentlich zu machen.

Denn: Das Datingportal richtet sich explizit an nicht offen homosexuell lebende, schwule Männer. So habe er weit über 100.000 Euro erpresst, ehe sein Treiben öffentlich wurde. Zu allem Überfluss ebenfalls involviert ist der Bruder von S., ein weiterer Leistungsträger des Vereins. Er soll das erpresste Geld gewaschen haben.

Pressing hat eben außerhalb von Fußballplatz und Kreißsaal nichts verloren!

Vom **Winde**
verweht

Wer sich mit langem Vorlauf auf Heimspiele von Oberligist SuS Neuenkirchen freuen mag, sollte zu Aiolos beten, dem ollen Gott des Windes. Denn das Neuenkirchener Waldstadion geriet wegen seiner maroden Substanz ins berechnende Fadenkreuz der Statiker.

Eine Spielerlaubnis gab es demnach nur noch, wenn am Spieltag selbst keine Windstärke über vier gemessen wird. Was bekanntlich einer Windgeschwindigkeit von maximal 28 Stundenkilometer entspricht. Womit Neuenkirchen vermutlich so ziemlich der einzige Ort ist, an dem ein »wehte ein laues Lüftchen« im Spielbericht mit Wohlwollen registriert wird.

KLUB-
HEIM

»Heimat ist kein Ort, Heimat ist ein Gefühl«, singt Herbert Grönemeyer im gleichnamigen Lied »Heimat«. Und einem Mann, der über die »Currywurst« gesungen und es damit zum »Vertreter der konkreten Utopie« und in ein Lehrbuch »Deutsch als Fremdsprache« geschafft hat, sollte man tunlichst alles glauben.

Wenn also davon auszugehen ist, dass Grönemeyer recht hat, und wenn weiterhin davon auszugehen ist, dass das Klubheim dem Fußballer ein Gefühl von Heimat vermittelt, dann liegt der Fall im Fall des Fußball-Klubheims nach Herbert Grönemeyer glasklar: Das Klubheim ist Heimat, weil es sich nach Heimat anfühlt! Was ungefähr klingt wie: »Der Ball war im Tor, weil er drin war.« Aber wenn es doch stimmt?!

Das Schöne am Klubheim im Gegensatz zur eigentlichen Heimat: Das Klubheim ist ein idealtypischer Ort. Natürlich gibt es auch hier hin und wieder mal Streit. Wer kümmert sich um den Würstchenstand beim nächsten Heimspiel?! Wer wählt wen bei der Wahl zum Kassenwart und warum? Muss der Platzwart seinen Unkrautvernichter wirklich unbedingt neben dem Handwaschbecken der Damentoilette aufbewahren?

Doch alles in allem kommen die Menschen als ihre beste Version ins Klubheim, weil sie freiwillig hierher kommen, und nicht, weil sie sonst nirgends hin können. Weil sie hier auf Gleichgesinnte treffen, die dieselben Ziele und

Träume verfolgen, wenn nicht sogar antreiben. Und nicht nur die zuweilen zufällige, biologische Verwandtschaft. Weil hier jeder, der mag, eine Aufgabe finden und übernehmen kann, für die er Anerkennung erfährt und in der er sich verwirklichen kann. Und nicht, weil er dazu verdonnert wird.

Das Klubheim ist Heimat. Und Schmelztiegel der Gesellschaft. Sein Glutofen ist der Fußball. Im Klubheim kommen im besten Fall alle sozialen Schichten, alle Altersklassen und alle ethnischen und moralischen Gruppierungen zusammen. Das Klubheim ist das ideale Dialog-Forum, der ideale Katalysator für das, was eigentlich selbstverständlich sein sollte: dafür, dass sich Menschen, egal woher sie stammen, egal, was sie im Leben auch machen oder was sie verdienen, miteinander und untereinander verständigen. Denn allen geht es nur um eines – um Fußball.

Und weil das so ist und nur eine Utopie ohne Makel bleibt, bietet das Klubheim die Bühne für alles, was menschliches Miteinander ausmacht: Liebevolle Verbrüderungsszenen, dramatische Streitereien und krude Missverständnisse. Bescheuerte Zufälle, rücksichtsloses Ringen und herrlichen Slapstick. Kurzum: Das Klubheim ist nicht nur Heimat, ist nicht nur ein Gefühl, sondern auch: Leben.

Oder wie Herbert Grönemeyer singt: »Zeit, dass sich was dreht.«

Schweinestall

Amateurfußball bedeutet vor allem auch: Improvisation. Da werden Besenstiele zu Eckfahnen, Zuschauer zu Unparteiischen und Bierbänke zu Krankentragen. Und das betrifft nur den Spieltag an sich. Dabei geht das Improtheater noch viel weiter, wie ein Fall aus dem Landkreis Cloppenburg beweist. Es folgt Beweisstück A-Z, angeführt von der Lokalpresse:

»Da die Rasenplätze schon seit langer Zeit gesperrt sind, sind die Fußballer von Kreisligist BV Bühren erfinderisch geworden. Training war im Schweinestall angesagt.«

Der Fuxx der Woche

»Wir haben einen Neuen beim Training. Das ist ein echter Fuchs.« Was nach einem gewöhnlichen Kompliment unter Hobbyfußballern klingt, wurde beim SV Godorf 1956 tierische Realität. Denn für einige Wochen besuchte dort Fuchs Ferdi das Training der ersten Mannschaft.

Sobald dienstag- und donnerstagabends das Flutlicht anging, stand er parat und verfolgte gebannt das Trainingsgeschehen. Zuerst sei er noch schüchtern gewesen, erzählte Trainer Klaus B., doch mit der Zeit hätte er Zutrauen gefasst. Irgendwann rannte er auch auf das Spielfeld, immer dem Ball hinterher. Die Spieler hingegen ließ er in Ruhe. Die dankten es ihm mit Katzenfutter.

Nur bei den am Sonntagnachmittag stattfindenden Heimspielen war Fuchs Ferdi bisher noch nicht aufgetaucht. Das mag daran liegen, dass Füchse generell eher in der Dämmerung aktiv werden. Aber vielleicht ändert Ferdi seine Gewohnheiten demnächst ja noch. Zumal er auch als Spieler eine gute Figur machen würde. Seine enge Ballführung und eine hohe Grundschnelligkeit prädestinieren ihn geradezu für einen Einsatz auf den Flügeln, so Trainer B.

Und vielleicht überlegt sich der SV Godorf dann ja sogar, das Vereinswappen zu ändern. Noch prangt darauf ein Esel. Den haben sie beim Training allerdings noch nie gesichtet. Höchstens im übertragenen Sinn.

Ein echter Wurst-Song

Er ist Spielertrainer des Bezirksligisten FC Frohlinde, hat einen super Namen und enterte als Songschreiber die Charts – Michael Wurst lebt, wofür uns in unseren Träumen die Fantasie fehlt. Angefangen hat seine musikalische Karriere mit der wohl nur noch Feingeistern bekannten Casting-Show »Star Search«. Bei der gewann Wurst 2003 den dritten Platz. Und auch wenn Michael Wurst – trotz (oder wegen?!) einer Tour mit Jeanette Biedermann – kein über die Maße erfolgreicher Solokünstler geworden ist, hat ihn die Show doch zum Ruhm geführt, wenn auch als Songschreiber. Über 500 Schlager hat er inzwischen komponiert. Von Irene Sheer über Markus bis hin zum österreichischen Superstar Oliver Haidt reicht die Liste seiner »Kunden«. Für Letzteren hat er etwa zusammen mit Nino de Angelo »Auf Wolken durch die Hölle gehen« komponiert – Wursts erster Nummer-eins-Hit.

Auf Wolken durch die Hölle gehen könnte auch das Motto eines seiner vielen Nebenjobs lauten. Denn Wurst ist nicht nur Schlagerfabrikant und Spielertrainer, sondern auch Moderator, Versicherungsagent und – Stadionsprecher des VfL Bochum! Weiterhin mimte er in Sönke Wortmanns „Das Wunder von Bern" den ungarischen Abwehrschreck Jenő Buzánszky sowie in der sechsteiligen WDR-Doku-Soap „Familie Wurst – Mit Herz und Haaren" sich selbst. Von der Mehrfachbelastung, über die die Herren Profis so gern klagen, scheint er derweil kaum betroffen.

Für den FC Frohlinde läuft die Saison unter der Regie des Schlagermachers wie eine Top-Ten-Platzierung – Platz sechs in der Bezirksliga Westfalen, Staffel 9. Und nur, damit es erwähnt wurde: Zwischendurch erzielte der Mittelfeldspieler in bis dato 60 Spielen für den FC Frohlinde 67 Tore.

Was für eine Wurst!

»Fangen wir simpel an«

Wie etwa mit dem Klagefall des Heisinger SV.

Der Essener Klub aus der Kreisliga A spielte eine starke Saison und hatte gute Chancen auf den Aufstieg. Ein Sieg im Nachholspiel gegen den Vorletzten, die zweite Mannschaft des ESC Rellinghausen, und der erste Platz wäre nur noch drei Punkte entfernt gewesen.

Doch das Heimspiel ging mit 1:4 verloren. Dabei kam das Ergebnis nicht von ungefähr, denn die Gäste setzten gleich neun Spieler aus ihrer zwei Klassen höher spielenden ersten Mannschaft ein. Eine Unsportlichkeit, fand man beim Heisinger SV und setzte im Nachgang den vielleicht schönsten offenen Brief seit langer Zeit auf:

»Liebe Sportskameraden und Vorstandskollegen vom ESC Rellinghausen 06, beruflich bedingt konnte ich leider nicht zuschauen, sonst hätte ich Ihnen vor Ort schon ein paar passende Worte mit auf den Weg gegeben. (…) Gecoacht wurde diese gut bezahlte Landesligatruppe nicht vom Kreisligatrainer, sondern natürlich vom Trainer der Ersten. (…) Fangen wir simpel an: (…) Ihre 2. Mannschaft besteht aus Kreisligakickern und befindet sich im Abstiegskampf. Das macht oftmals keine allzu große Freude. (…) Dass dann auch noch Verständnis geheuchelt wird, setzt dem Ganzen die Krone auf. (…) Gehen Sie einfach davon aus, dass wir Ihr Verständnis weder benötigen noch wünschen.

Mit sportlichen Grüßen

Dr. Peter K.

1. Vorsitzender«

Dafür, dass das besagte Spiel für die Gastgeber vollends in die Hose ging, sorgte übrigens der Schiedsrichter der Partie. Der zeigte den Heisingern in der Schlussphase der Begegnung gleich drei Rote Karten und kündigte nach dem Spiel einen Sonderbericht an, da er von der sportlichen Leitung der Heimmannschaft sowie den Zuschauern beleidigt worden sei.

Die hatten prompt eine Erklärung für das rigorose Durchgreifen des Unparteiischen parat: »Der Schiri war früher bei uns in der Jugend aktiv und hat den Verein im Unfrieden verlassen.«

Wenn das mal nicht nach einem offenen Brief schreit.

Die den Gegner feiern

»Ich glaube nicht an Gott. In Spanien bekreuzigen sich alle 22 Spieler vor jedem Spiel. Würde das irgendwas bewirken, dann gingen danach alle Spiele grundsätzlich unentschieden aus«, sagte einst der Flügelstürmer der Theologie, Johan Cruyff. Vielleicht unterscheidet und erkennt der liebe (Fußball-)Gott aber auch die Glaubenstreue seiner kickenden Schäfchen und lenkt die Spiele dementsprechend? Dann allerdings wäre der CSV Neuwied ein klarer Kandidat für die Champions League. Denn der im Dezember 2000 gegründete Christliche Sportverein bekennt sich schon im Namen zu seiner Religiosität. Doch der CSV wäre wohl kein Verein bibeltreuer Christen, hätte er nicht noch mehr zu bieten als eine rein sportliche Agenda. So heißt es in deren Satzung: »Die gemeinsame Zielsetzung, guten Fußball zu spielen und als Mannschaft Erfolge zu haben, versteht sich von selbst. Doch der CSV will viel mehr erreichen. Wir möchten einen aktiven Beitrag leisten, jungen Menschen Gemeinschaftsgefühl und Perspektiven zu vermitteln, das Miteinander und die Integration von unterschiedlichen Nationalitäten fördern und uns so präventiv gegen Gewalt, Ausländerfeindlichkeit und Drogen einsetzen.«

Eine Einstellung, die die Mannschaft auch auf die Plätze überträgt. Dabei steht der Fairplay-Gedanke über dem sportlichen Erfolg. »Wir wollen beim Fußball Spaß haben. Und das auch, wenn wir durch eine Fehlentscheidung des Schiedsrichters in der 97. Minute verlieren. Dann ist das halt so. Wir feiern den Gegner für seinen Sieg und fahren nach Hause zu unseren Familien«, erklärt Trainer Mike V. und fügt hinzu: »Natürlich kann ein Foul im Spiel immer passieren. Aber bei uns werden Spieler aus dem Spiel genommen, wenn sie sich bewusst unfair verhalten.«

Da ist es wenig verwunderlich, dass die Neuwieder Jahr für Jahr den Fairplay-Preis abräumen. Und auch wenn dieses Vorhaben nach 14 Gelben Karten nach 14 Spieltagen zwischendurch mal auf der Kippe stand, war Trainer V. optimistisch: »Wir werden wieder die fairste Mannschaft, ganz sicher.« Mit 19 Punkten Rückstand auf den Aufstiegs- und zwölf Punkten Vorsprung auf einen Abstiegsplatz war zumindest zu diesem Zeitpunkt klar, mit welcher Marschrichtung der CSV Neuwied in die Rückrunde und jedes weitere Spiel ging: hinten fair, und vorne hilft der liebe Gott.

Trikots vergessen, Platz nicht gefunden

Kreisliga B1, Rees-Bocholt. Das Knallerspiel eines 14. Spieltags? Eindeutig TuS Drevenack II gegen FC Olympia Bocholt II. Wegen der funky Vereinsnamen – und natürlich der sportlichen Brisanz. Nach der Hinrunde lagen schließlich beide Teams punktgleich am trübsten Ende der Tabelle. Jeweils vier Punkte sammelten die Klubs in 13 Spielen, jeweils mit einem Sieg und einem Unentschieden. Ansonsten hagelte es Niederlagen. Zusammengenommen standen ein Torverhältnis von 18:103 und zehn Punkte Rückstand auf einen Nichtabstiegsplatz zu Buche.

Klar, dass die Anspannung angesichts dieser heiklen Ausgangslage groß war. So groß, dass die Gäste aus Bocholt vergaßen, ihre Trikots einzupacken. Kein Problem, dachte sich ein eifriger Helfer und machte sich auf den Weg in die etwa 30 Kilometer entfernte Heimat, um die Trikots zu holen. Alles für die Mission Klassenerhalt. Leider hat er dann »unseren Platz nicht gefunden«, wie der Trainer der Gastgeber, Manuel P., trocken konstatierte.

Eine halbe Stunde wartete Schiedsrichter Alexander N. über die geplante Anstoßzeit hinaus, ehe er sich dazu entschied, der traurigen Hoffnung das Leben auszuhauchen. Wie das Spiel schlussendlich gewertet wurde, oblag dann der Kreisspruchkammer. Wobei man seinen Teil an der (zukünftigen) Gerechtigkeit leisten könnte. Also:

Autobahn A3, Ausfahrt 6-Wesel. Auf B58 in Richtung Wesel/Schermbeck fahren. Nach 400 Metern rechts abbiegen auf Schermbecker Landstraße/B58. Nach 1,7 Kilometern rechts abbiegen auf Hühner Straße. Das Ziel befindet sich auf der linken Seite.

Die Zwei-Stunden-Trainerentlassung

Ihr habt ein Herz für Seifenopern und Fußball, wusstet aber nie, wie ihr eure beiden Leidenschaften miteinander kombinieren sollt? Dann haben wir jetzt einen Namen für euch, einen Geheimtipp für Süchtige des herzlichen Wahnsinns: SV Rhenania Bottrop.

Bezirksliga 5, Niederrhein, 14. Tabellenplatz. Vier Punkte Vorsprung auf den Letzten, vier Punkte Rückstand auf das gesicherte Mittelfeld. Alles noch drin in der Rückrunde also, kein Grund, sich Sorgen zu machen. Und dann – Panik. Nach dem 2:6 bei der SpVg Schonnebeck II, Anfang März eines unbestimmten Jahres, schienen die Tage von Trainer Oliver D. gezählt. Direkt nach dem Schlusspfiff setzte sich der Vorstand des Vereins zusammen, ein Mitglied des erlauchten Kreises überbrachte dem Trainer anschließend die üble Nachricht: Entlassung. Keine zwei Stunden später stand der Nachfolger von Oliver D. fest. Sein Name: Oliver D.

Bitte häh? Was war passiert? Offenbar war sich die eilig einberufene Vorstandsrunde keinesfalls einig, wie denn nun zu verfahren sei. Kein Grund für eben jenes Vorstandsmitglied, welches sich zum Überbringer der Nachricht aufschwingen sollte, keine klare Flagge zu bekennen. Nur haltbar war sein eigenmächtiger Vorstoß nicht. Und so hatte sich keine zwei Stunden später eine Situation ergeben, in der der Trainer zwar nicht entlassen, wegen seiner vermeintlichen Entlassung aber mächtig sauer war. Nach Rücksprache mit seiner Ehefrau nahm er das Angebot, wieder bzw. weiterhin als Trainer von Rhenania Bottrop zu arbeiten, allerdings an.

Mit überragendem Erfolg. »Plötzlich waren alle wieder beim Training. Es stimmt wohl, dass ein neuer Trainer einiges ausmacht«, erzählte B. amüsiert. Und auch sportlich hatte der neue, alte Trainer bereits überzeugt. Gegen den Tabellenzweiten, den DJK VfB Frohnhausen, reichte es zu einem achtbaren 1:1.

Neue Besen kehren eben gut. Auch wenn sie alt sind.

Lila Freude

Was haben der Kreisligist SV Ruppertshain und der FC Bayern München gemeinsam? Beide versenden ihr eigenes Vereins-TV. Doch während beim Mia-San-Mia-Marktführer aus Bayern hochbezahlte Profis ein dröges Wohlfühlprogramm fahren, ballern die Macher des Ruppertshainer »Stay Lila TV« mit anarchischem Spaß an der Freude gegen jede aseptische Unterhaltung à la »FCB.TV«. Oder um es mit ihren eigenen Worten zu sagen: »Das positiv verrückte Bergdorf aus Kelkheim ist nur selten ernst zu nehmen, außer wenn es um den Spaß geht.«

Denn beim Spaß hört der Spaß nicht auf. Beim Spaß fängt der Spaß an.

Der freiwillige
Absteiger

Wenn Sätze fallen wie: »Der hat in der Bezirksliga nichts zu suchen«, dann sollten die Alarmglocken schrillen wie ein Nebelhorn am jüngsten Tag. Außer man heißt Simon S. und spielt für den Köpenicker SC. In der zweiten Mannschaft. Freiwillig. Denn eigentlich ist S. viel zu gut für die Bezirksliga. Findet so ziemlich jeder. Und wahrscheinlich auch S. selbst.

Doch der Stürmer, der noch in der Hinrunde für die immerhin sechstklassige erste Mannschaft des Vereins auflief, hat eine erfrischend unaufgeregte Sicht der Dinge. »Ob Berlin-Liga oder Bezirksliga – das ist mir eigentlich nicht so wichtig«, sagt S. und findet, dass es wichtiger sei, mit »seinen« Jungs zu kicken. Und die spielen eben in der zweiten Mannschaft des Vereins.

Blöd nur, dass die erste Mannschaft wiederum in akuten Abstiegsnöten schwebt und dringend auf die Qualitäten von S. angewiesen ist. Zum Glück sitzt im Vorstand des Vereins einer, der ihn kennt wie kein Zweiter und ihn davon überzeugt hat, seine Kumpels für den Moment »im Stich« zu lassen: Simon S. selbst.

Eier,
wir brauchen Eier

Der TSV Sparkasse Pöllau spielt in der fünften österreichischen Liga, der Sparkassen Oberliga Süd Ost. Und weil bei so viel Sparkasse kaum noch Platz ist für weitere Sponsoren, musste sich der Verein eben etwas einfallen lassen, als der örtliche »Massage Ebner« Interesse an einer Zusammenarbeit bekundete. Heraus kam ein mehr als werbeträchtiges Design.

Denn anstatt an einer der üblichen, der konventionellen Stellen für sich zu werben, fand der Aufdruck für »Massage Ebner« seinen Platz dort, wo er in Sachen Massage schnell in schlüpfrige Zweideutigkeit interpretiert werden kann – mitten im Schritt.

Und so prengelte das Logo, zwei nach oben geöffnete Hände, die wie eine Schale den Firmennamen in ihrer Mitte aufnehmen, genau dort, wo in der Regel das Gemächt eines jeden anatomisch der Norm entsprechenden Mannes sein Zuhause weiß.

Der Effekt war groß, die eindeutige Massage-Message sorgte für jede Menge Aufmerksamkeit. Nur sportlich stand die neue Zusammenarbeit anfangs unter keinem günstigen Stern.

Im ersten Spiel mit neuem Sponsor zeigte der Tabellenzweite aus Pöllau gegen den Tabellenführer vom TuS Bad Gleichenberg wenig Handfestes und unterlag mit 0:2.

Vielleicht waren die Spieler mit ihren Gedanken einfach zu sehr bei der anschließenden Massage.

Thüringer Schwein

Wenn es um Maskottchen geht, behelfen sich ja erstaunlich viele Vereine mit artifiziellen Anleihen in der Tierwelt. Bayern hat seinen Bären »Berni«, Dortmund Biene »Emma« und Hoffenheim, natürlich, einen Elch namens »Hoffi«. In Köln dagegen macht man bekanntlich keine halben Sachen und gönnt sich nun schon in achter Generation einen lebendigen Geißbock.

Der allerdings zumindest in der Spielzeit 2014/15 Konkurrenz aus der Kreisoberliga Thüringen bekam. Denn bei der SG Milz/Eicha sind sie aufs Schwein gekommen. Willi heißt das Hausschwein, das der Freundin von Kapitän Eric H. gehört, kein Heimspiel verpasst und seinem Schweine-Herrchen gehörig Glück zu bringen schien.

Immerhin mischte H. im Rennen um die Torschützenkanone der Kreisoberliga durch über 30 Tore ordentlich mit. Und auch für die Mannschaft lief es rund. In der Liga reichte es am Ende immerhin für den zweiten Platz. Zudem stand der Klub im Finale des Regionalpokals Südthüringen.

Das Glücksschwein stand aber auch unter Druck, denn die Konkurrenz scharrte schon mit den Hufen. Zum tierischen Haushalt rund um Willi gehören neben der fast schon obligatorischen Hund-Katze-Kombo schließlich noch zwei Schildkröten.

Aber sollte es bei der SG Milz/Eicha mal vorbei sein mit dem Schweineleben – in Hamburg suchen sie vielleicht schon bald einen Nachfolger für einen ausgestorbenen Dino.

Der Hundstag von Deisenhof

Ein altes Sprichwort, gefühlt so alt, dass es vermutlich noch vor der deutschen Sprache an sich erfunden wurde, besagt: Schwein muss man haben. Gilt natürlich nicht für den Amateurfußball. Dort gilt: Hund muss man haben. Zumindest dann, wenn die eigene Abwehr mal wieder gepennt hat oder einfach so geschlagen wurde. So wie beim Landesligisten FC Deisenhofen. So wie beim Spiel gegen den TSV Kastl.

Bei dem der Hund der Vereinswirtin aus Deisenhofen just in dem Moment auf den Rasen stürmte und dem Spielball nachsetzte, da die Gäste aus Kastl endlich mal einen verheißungsvollen Angriff hinbekommen hatten. Oder um es mit dem Technischen Leiter der Gastgeber, Franz P., zu sagen: »Es hätte vielleicht, eventuell zu einer Torchance kommen können.« Also unter Umständen, ganz womöglich. Also ziemlich sicher. Irgendwie.

So aber unterbrach erst der Hund das Spiel, dann der Unparteiische die Partie, ehe es mit Schiedsrichterball weiterging. Nach den Ursachen des Missgeschicks befragt, wusste man sich in Deisenhofen auch hinterher keinen rechten Reim zu machen. Nur: Die Wirtin sei ja beschäftigt gewesen, da könne das schon mal passieren. Absicht jedenfalls habe ganz sicher nicht dahintergesteckt.

Woher sie das nun so genau wissen wollen, könnte man fragen. Und genau darauf hatte wiederum Franz P. eine ebenso bestechende, wie einleuchtende Antwort: »Der Hund hat von Fußball keine Ahnung.«

Echte Liebe

Hinten kackt die Ente. Und wenn wir ehrlich sind, regiert auch im Amateurfußball, so wie überhaupt im Leben, das Geld. Klar, es geht nicht um Millionen, nicht um die Perversion und Erschließung irgendwelcher Marken, mit etwas, das eigentlich nur die schönste Nebensache der Welt sein sollte. Doch am Ende des Tages kostet auch der Spielbetrieb der Amateure vor allem eines – Geld. Und so ist auch der kleinste Verein auf Gönner und Sponsoren angewiesen. So wie der TuS Wagenfeld aus der vierten Kreisklasse Diepholz Süd.

Der präsentierte einst »Dolce Vita« als neuen Sponsor. Klingt nach dem Italiener ums Eck, der garantiert von jedem, nur keinem Italiener betrieben wird. Ist aber ein »Partytreff«. Also ein Erotikschuppen. Für 1.500 Euro deckte dessen Besitzer die zweite Mannschaft aus Wagenfeld mit neuen Trainingsklamotten ein. Alles purer Zufall, wie zu vernehmen war.

Denn ursprünglich hätten die Kicker bei der Suche nach einem Sponsor auf ihr Stammbistro »Pohly's Snack Eck« gehofft. Doch der örtliche Imbissmogul hatte sein Restbudget offenbar bereits für den neuen Internetauftritt veranschlagt und verwies gnädig auf das »Dolce Vita«.

Zu einer Vor-Ort-Besichtigung beim neuen Sponsor durch die Mannschaft war es laut Trainer Marco S. allerdings noch nicht gekommen. Außerdem »ist und bleibt das Vereinsheim das Landhaus Wiedemann«.

Schade eigentlich. Denn im »Dolce Vita« gab es kurz darauf neben Pool und »lebendem Buffet« auch »professionelle Massagen« und mithin also alles, was das Fußballerherz begehrt.

Kunstrasen

Als Darmstadt 98 wie durch ein Wunder von der dritten bis in die Bundesliga marschierte, war man beim TV Herkenrath längst dabei, ein gleichsam noch gehörig größeres Wunder zu schaffen. Sechs Aufstiege hintereinander hatte die erste Mannschaft des Klubs zwischen 2010 und 2015 in die Vereinsannalen gespielt. Und das ganz ohne »wirklichen Plan«, wie Trainer Michael H. erklärte. Der sich zudem schon in der Landesliga sicher war: »Eigentlich hatte keiner der Mannschaft in dieser Liga etwas zu suchen.« Klar, was danach folgte: Der Aufstieg in die Verbandsliga. Und auch dort stand am Ende der Saison 2016/17 schon wieder der zweite Platz.

Und auch das Erfolgsgeheimnis Herkenraths mutet wundersam an. Denn wenn es einen Garanten gibt für die malerische Serie, dann ist es der 2010 angelegte Kunstrasenplatz des Vereins. Schließlich war es das für Amateurfußballer so edle Geläuf, das nach Jahren der Abwanderung für einen regen Zulauf an Kickern sorgte.

Nur in einer Hinsicht ist der TV Herkenrath eine durch und durch normale Mannschaft. Zur Feier des Erreichten geht es geschlossen nach Mallorca. Oder wie Trainer H. vollkommen zu Recht sagte: »So, wie es sich für eine richtige Fußballmannschaft gehört.«

Wilde Hordel

»Das ist menschlich einfach unterste Schublade. Das ist asozial vor dem Herrn.« Wenn solche Sätze fallen, ist entweder Gegenteiltag oder irgendwas gründlich danebengegangen. Beim DJK TuS Hordel ist zumindest an diesem einen Spieltag so ziemlich alles danebengegangen.

Ein letzter Spieltag der Westfalenliga 2, Hordel empfing den bereits sicheren Meister, den TSV Marl-Hüls. Befreit von jedem Druck spielten beide Mannschaften locker auf und schenkten sich und den Zuschauern ein abwechslungsreiches 3:5. Im Anschluss lud der Verein zur obligatorischen Saisonabschlussfeier. Auf der das Übel seinen Lauf nahm.

Die Bilanz des wüsten Gelages: »Ich habe einen Anruf vom Platzwart bekommen mit der Aussage, dass jemand die Duschen vollgeschissen und unsere großen Müllcontainer auf die Straße geschoben haben soll«, so Ingo M., stellvertretender Geschäftsführer des Vereins. Und weiter: »Der Platz hatte überall verbrannte Stellen und Radspuren. Die müssen durch durchgedrehte Räder, Driften und Vollbremsungen mit einem PKW entstanden sein.«

Nur, wer macht so was? Fragte sich auch der stellvertretende Geschäftsführer, horchte bei den Partybiestern des Vorabends nach und konnte den Täterkreis schnell eingrenzen: »Es waren ausschließlich Spieler, die uns im Sommer verlassen.«

Die sich im Übrigen kaum einer Schuld bewusst waren: »Die Personen haben ihre Tat zugegeben, aber keinerlei Reue gezeigt oder sich entschuldigt. Es herrschte eher Verwunderung nach dem Motto: ›Oh, da haben wir aber ganz schön übertrieben.‹«

Kann man wohl so sagen. Außer es wäre Gegenteiltag.

90 Minuten Unterzahl

Sportberichterstattung ist ein hartes Geschäft. Vor allem die Einschätzungen zu Mannschafts- oder Spielerleistungen sind von subjektiven Eindrücken geprägt und geben immer wieder Anlass zu heißblütigen Diskussionen. Und wie schön das ist, dass es etwas zu diskutieren gibt. »Waaaassss«, fragt es dann im Gespräch über eine Spielnote, »eine Fünf für Eisenschädel Ehrmann?! Der war Weltklasse! Also echt. Keinen Stich hat sein Gegenspieler, dieser Lauch von Fummelkutte gesehen. Gut, das Tor hat er gemacht. Und ja, es war das Siegtor. Aber da rutscht er weg, der Ehrmann. Das passiert den Besten! Vorher war das 90 Minuten astrein. Eine Fünf! Pah! Und so was nennt sich Experte!!! Hatte beim Schreiben seines ›Textes‹ vermutlich auch schon drei Pils getankt. Mindestens. Und hat wahrscheinlich auch nie selbst gespielt. Kann man gar nicht ernst nehmen so einen. Aber aufregen tut mich das, aufregen tut mich das trotzdem! Eine Fünf! Für den Eisenschädel. Also ehrlich!«

Gut, dass es auch anders geht. Und so wird der folgende Spielbericht präsentiert vom Stolz Eyrichshofs. Ein Text, wie er sein sollte: Kurz, prägnant und objektiv. Irgendwie.

So hieß es auf der Facebookseite des Vereins: »90 Minuten Unterzahl! Der ASC macht die Füchse aus Seßlach zu Schoßhündchen und siegt mit 2:1! Wir hatten das Spiel zu jeder Zeit im Griff. Was auffiel: Dass auch der Schiedsrichter ein Trikot aus Seßlach unter seiner Kutte trug, und wir somit 90 Minuten in Unterzahl agierten. Dennoch schafften wir es, die Theatergruppe aus Seßlach zu besiegen.«

Zwei
Flaschen
für Gurk

Die Transfersummen im Profifußball haben Dimensionen erreicht, die kaum noch nachzuvollziehen sind. Galt früher immerhin noch im Ansatz das Prinzip, dass eine Ablöse auf zumindest lange Sicht einen adäquaten Gegenwert in Eintrittspreisen, Preis- und TV-Geldern generierte, hat sich der – Achtung, Unwort – Markt inzwischen längst von marktwirtschaftlichen Ambitionen gelöst. Oder bedient diese nur noch höchst indirekt, da es Scheich- und Staatsmilliarden hagelt.

Doch kein Grund, zu verzagen. Wer ganz benebelt ist von den Fantasiesummen, die der Fußball inzwischen für mehr oder minder begabte Kicker in den Umlauf bringt, wende sich dem Amateurfußball zu. Denn dort regeln sich Transfers noch in nachvollziehbaren Dimensionen. So wie beim SV Union Gurk.

Dort verriet ein Facebook-Post, wie der Klub einst zu seinen neuen Hoffnungsträgern kam: »Breaking News! Wir können die ersten Neuzugänge im Winter präsentieren! M. Marco und Manuel K. wechseln im Winter zum SV Gurk. Diese Neuzugänge waren eine kluge Idee vom Verein. Immerhin kosteten die beiden nur jeweils eine Flasche Bacardi. PS: Zum Glück zählen Unterschriften auch mit drei Promille.«

Über Zweibrücken musst du gehen

Zweibrücken ist die kleinste kreisfreie Stadt Deutschlands, Heimat eines der größten Outlet-Center des Landes und war einst ein trauriger Fall in Sachen Fußball. Denn der örtliche SVN Zweibrücken torkelte in stolzen 32 Ligaspielen von Niederlage zu Niederlage. Begonnen hatte der Spuk im November 2014, damals noch in der Regionalliga Südwest. Mit 1:3 und auf Tabellenplatz 15 verabschiedete man sich seinerzeit gegen den SV Elversberg in die Winterpause. Doch statt in der Rückrunde zur großen Aufholjagd zu blasen, setzte es in der Folge 17 Niederlagen (und 2:49) Tore am Stück.

Doch auch nach dem Abstieg nahm das Elend kein Ende. Das Budget musste empfindlich gekappt werden, der Trainer und bereits als sicher verbuchte Neuzugänge suchten das Weite. Und so setzte es schon am ersten Spieltag ein 1:6 bei der SpVgg Burgbrohl. Und während die folgenden drei Spiele mit nur jeweils einem Tor Unterschied denkbar knapp ausgingen, kam es mit der Zeit wieder mächtig dicke. 2:37 Tore lautete die Bilanz der folgenden 13 Spieltage. Ehe beim FC Arminia 03 Ludwigshafen endlich ein 1:0-Auswärtssieg gelang. Am Ende stand dennoch der erneute Abstieg.

Umso überraschender war seinerzeit die Aussage des 1. Vorsitzenden Richard D.: »In der Mannschaft steckt Potenzial.«

Wofür, behielt er allerdings für sich.

»Reaktionen wie ein Kachelofen«

Manchmal zieht man mit wehenden Fahnen ins Verderben. Allein schon im Leben. Wenn man weiß, dass man die blöde Studienarbeit in den letzten vier Stunden vor Abgabe zusammengefrickelt hat. Wenn man weiß, dass man mit der eher schnell aufbrausenden Herzensdame über eine Beziehungspause reden muss. Wenn man weiß, dass man achtzig Wochen Zeit hatte, das angesagte Restaurant für den achtzigsten Geburtstag von Oma zu reservieren, aber einfach nicht dazu kam. Und weil der Fußball nichts weiter ist als eine Turbo-Metapher auf das Leben, zieht er seine Konsequenzen ungleich schneller als das sadomasochistische Leben an sich. So wie in diesem Fall.

Mit 0:5 ging der Nachwuchs des TSV 1861 Bad Tennstedt bei der SG Sonnenstein unter. Eine vorhersehbare Pleite, wenn man dem Protokoll des Grauens glauben darf, das sich auf der Homepage der Tennstedter fand:

»Schon beim Treffen vor Abfahrt hatte das Trainerteam K./H. eine böse Vorahnung. Bis auf drei Spieler war die ganze Mannschaft zur Kirmes, sind weit nach Mitternacht nach Hause und der ein oder andere Tropfen Alkohol wird sicher auch geflossen sein. Dementsprechend sah auch das Spiel der Tennstedter aus. Kein Einsatzwille, Reaktionen wie ein Kachelofen, Zweikampfverhalten nicht vorhanden, spielerisch ging gar nichts, KURZ – das hatte mit Fußball nichts zu tun. Das Interessanteste waren noch die Wildgänse, die über den Köpfen der Spieler Richtung Süden flogen.«

Ein **Baum** von einem Mann

Fußball ist bekanntlich den Launen der Natur ausgeliefert. Fritz-Walter-Wetter, stumpfer Rasen oder Winde, die jeden Flugball zur Wahrscheinlichkeitsrechnung verkommen lassen – das Spiel ist immer nur so gut wie seine äußeren Umstände. Das gilt gerade auch für den Amateurfußball.

So wie in der 1. Kreisklasse Peine. Aber lassen wir den Fußballobman des SV Falke Rosenthal zu Wort kommen, der sich wie folgt äußerte:

»Wir haben quasi über Nacht eine spektakuläre Neuverpflichtung bei uns ansiedeln können. Ein Baum von einem Kerl, fest verwurzelt und mit gutem Stellungsspiel. Sein Handwerk hat er in einer der renommiertesten Baumschulen Peines gelernt.«

Wobei das mit dem Stellungsspiel so eine Sache ist. Denn der so besungene Neuzugang war tatsächlich nichts anderes als eine Zypresse und über Nacht dort verbuddelt worden, wo bis dato der Elfmeterpunkt seines nächsten Einsatzes harrte.

Einziger Nachteil: Wurzeln schlagen konnte der Übernachttransfer dann doch nicht. Denn bald war die Zypresse wieder dort, wo sie hingehört – im heimischen Baumarkt.

Verlorene Geister

Es lief nicht für den TSV Trieb. Der Klub hatte erst einen Saisonsieg auf dem Konto, stand am Tabellenende der Kreisklasse Vogtland und musste zudem mit einem Geisterspiel klarkommen. Der Grund dafür lag allerdings nicht in etwa in Verfehlungen der Trieber Fans, sondern in Beleidigungen und Bedrohungen, die Trainer und Spieler bei einer Partie in Plauen gegenüber dem Schiedsrichter ausgesprochen haben sollen.

Die Klubverantwortlichen wiesen die Vorwürfe zwar umgehend zurück, mussten mit dem Urteil des Sportgerichts aber dennoch wohl oder übel leben. Und so hieß es also im Spiel gegen die VSG Weißensand: Zuschauer sind nicht willkommen. Was leichter gesagt denn getan war.

Schließlich liegt der »Sportplatz Trieb« quasi auf offenem Feld, mitsamt zweier kreuzender Trampelpfade. Und ehe der Verein ob der merkwürdigen Strafe eine Armada an Bauzäunen errichtete, bat er seine durchschnittlich 30 bis 40 Anhänger via Lokalpresse, dem Spiel fernzubleiben, und versuchte, der marodierenden Gelegenheitszuschauer auf den Feldwegen mit einer kleinen Armada an Ordnern Herr zu werden.

Viel verpasst hatten die Zuschauer übrigens nicht – Trieb verlor das Spiel mit 0:1.

Aus Gründen

Ein Spielticker aus der Reihe »Ohne Worte. Außer: Liebe Grüße an die SG Ahrbach/Heiligenroth/Girod«:

»24. Minute: Aus Gründen: Mittlerweile spricht sich in den Zuschauerrängen rum, dass sich der bislang in der Saison gut aufgetretene Spieler Tobias S. heute entschuldigen lässt, da er eine Waschmaschine geliefert bekommt.«

Hunger Games

Dicke Luft in der Kreisliga A, Württemberg. Bei der 0:6-Niederlage des SV Wurmlingen beim SV Pfrondorf hatten es die Gäste laut eigenem Spielbericht nicht nur mit dem Pech (»Wenn Scheiße, dann Scheiße!«) und dem Schiedsrichter (»Erlaubt dem SVP noch mal ein Elfmetertraining«), sondern auch noch mit widrigen Umständen zu tun.

Denn »aufgrund extremer Trockenheit wurde das Spiel von den Pfrondorfern auf den kleinen Kunstrasenplatz verlegt. Was für den geneigten Zuschauer bedeutete, dass er auf Stadionverpflegung wie Wurst (gar nicht vorhanden) und Bier (Ende der ersten Hälfte ausverkauft) verzichten musste.« Erschütternd!

Fand auch der Gastgeber und lieferte via Facebook prompt eine Antwort: »Wir verstehen, dass die Partie für euch sehr frustrierend gelaufen ist und man sich in einem Spitzenspiel nicht so gerne ein halbes Dutzend einschenken lässt. Das ist natürlich enttäuschend. Wie auf dem Platz finden wir aber auch außerhalb: Nachtreten ist ganz schön unfair und gehört sich eigentlich nicht.«

Hoechster SWAG

Eine »Goldene Hornbrille« für den Streber, äh, Mitarbeiter der Herzen geht an, genau: Martin C. Der ist ehrenamtlicher Leiter der Marketingabteilung der SG Hoechst und zugleich die gesamte Marketingabteilung in Personalunion. Was bei der Schlagzahl, mit der C. seinem Amt nachgeht, ungefähr einem mittelständischen Unternehmen gleichzukommen scheint.

Denn C. betreibt nicht nur die obligatorische Facebookseite des Kreisoberligisten oder bestückt die Videoplattformen mit selbstgeschnittenen Spielzusammenfassungen, er hat auch noch einen Onlineshop ins Leben gerufen. Und der ist reichhaltig ausgestattet. Vom Teddybären mit dem seltsamen Namen »Joker Sonne« über den »Kunstdruck Leinwand« bis hin zur Armbanduhr mit Vereinsgravur findet sich darin so ziemlich alles, was man auch bei den Profivereinen nie vermisst hat.

Trotzdem ein guter Grund, seinen Hut zu ziehen (»SG 01 Hoechst Cap Stamp«, 12,95 €).

Energydrink
der Herzen

Red Bull. Sieben Buchstaben, zwei Worte, die dem gemeinen, dem traditionellen Fußballfan Wutadern wachsen lassen. Doch Energydrink ist zumindest in Sachen Fußball nicht gleich Energydrink.

Denn hier kommt er, der Beweis, dass man mit Getränkedosen auch Gutes bewegen kann. Zu verdanken haben wir diese Einsicht dem Kieler Kreisligisten SC Fortuna Wellsee. Die haben »Wellsee-Power« produzieren lassen und verkauften den Energydrink fortan bei jedem Heimspiel zum schlanken Preis von 2,50 Euro.

Und das nicht etwa, um fortan für aberwitzige Summen Fantasiespieler aus aller Herren Länder einzukaufen, damit sie ihrem »spannenden Projekt« einen Aufstieg nach dem nächsten bescheren. Sondern einzig und allein, um dem guten Zweck zu dienen. Denn der Erlös der Aktion kommt dem »Förderverein für krebskranke Kinder e.V.« in Kiel zugute.

Und so verleiht »Wellsee-Power« vielleicht keine Flügel, aber Hoffnung.

Der **Polarstern** am **Pressehimmel**

Pressekonferenzen von Profiklubs arten ja nicht selten in eine Art Live-Rollenspiel des jüngsten Gerichts aus. Man schaue nur einmal zurück, in eine x-beliebige Fragerunde mit Wander-Feuerwehrmann Huub Stevens, für den die Umschreibung »Der Knurrer von Kerkrade« längst zum Euphemismus wurde. Dabei können Pressekonferenzen durchaus Spaß machen.

Vor allem, und wie fast immer im Leben, beim ersten Mal. So wie bei Polar Pinguin aus Berlin, im Hauptberuf in der Kreisliga C unterwegs. Weil es im Pokal gegen die Giganten vom Landesligisten SV Sparta Lichtenberg ging, scheuten die umtriebigen Macher des Klubs keine Kosten und Mühen und stellten sich vorab den Fragen der Presse. Oder besser: Stellten Fragen der Presse nach. Und das war nichts anderes als ein großer Spaß. Beispiel gefällig? Das Wort hat der Trainer:

»Sonntag haben wir ja gewonnen. Da hatten wir natürlich frei am Montag. Hatte eh keiner Zeit. Dienstag hat's geregnet – haben wir kein Training gemacht. Mittwoch ist eh immer frei. Donnerstag waren wir unterwegs.«

Das Spiel endete übrigens mit 1:3 nach Verlängerung. Das ist zwar mehr als respektabel. Aber vielleicht hätte der Trainer also doch die eine oder andere Konditionseinheit einlegen sollen?

Eine Stellungnahme nach Spielschluss blieb leider aus. Sie werden so schnell erwachsen!

Die Fritteuse
von Rahm

Gute Laune beim TuS Rahm aus der Kreisliga C, Dortmund. Denn endlich war der neue Kunstrasenplatz des Vereins bereit, eingeweiht zu werden. Beim Spiel der zweiten Mannschaft gegen die DJK Blau-Weiß Huckarde IV sollte das neue Schmuckstück nun endlich gebührend gefeiert werden. Mit mächtig Brimborium, allem PiPaPo und natürlich einem Heimsieg. Und es ging sich auch gut an, ehe das Spiel in der 75. Minute und beim Stand von 2:1 für die Gastgeber abgebrochen werden musste. Der Grund? Immer wieder fiel das Flutlicht aus.

Dass das nicht von ungefähr passierte, dafür hatte zumindest der Trainer der Gäste gute Argumente parat: »Man braucht sich nicht zu wundern, dass einem der Strom ausfällt, wenn man zur Eröffnung die volle Kapelle auffährt, mit Fritteusen, Waffelständen, Getränkebuden – und man keinen Zusatzgenerator hat.«

Was nur eine Forderung zur Folge haben kann: gegen Waffeleisen im modernen Fußball!

Kapitän
ersteigert eigenes
Vereinsheim

»Mach alles neu«, hieß es beim TV Bunde aus der Landesliga Weser-Ems. Als die Arbeiten am neuen Vereinsheim des Klubs begannen, musste alles raus, was bisher Platzhalter war. Wie zum Beispiel die beiden Gartenhäuschen, aus denen heraus bis dato der Würstchen- und Getränkeverkauf während der Spiele organisiert wurde.

Ein Ort schönster Erinnerungen, dachte sich offenbar der Kapitän der ersten Mannschaft, Thomas G., und stieg in die Verkaufsauktion via Ebay mit ein. Eine »sehr lebhafte Auktion«, wie Bundespressesprecher Gerold v. H. zu berichten wusste: »Am Ende setzte sich Thomas durch. Knapp 500 Euro waren es letztlich.«

Ob das am Ende mit rechten Dingen zuging, bleibt für immer offen. Genauso wie die Frage, ob man das nicht irgendwie anders hätte regeln können. Ohne Auktion zum Beispiel.

Fürstenwalder Schrott

In Sachen Metallarbeiten hat man beim FSV Union Fürstenwalde einen eher rostigen Daumen. Irgendwann kaufte man bei Union Berlin die außer Dienst gegangenen Stahlträger der »Alten Försterei« auf. Zu einem »Schrottpreis«, wie Fürstenwaldes Manager Sven B. seinerzeit stolz verlauten ließ. Dann stellte sich heraus: Die Dachträger waren tatsächlich Schrott. Und unbrauchbar.

Und auch auf dem Rasen brach auseinander, was zusammengehört. So wie beim Landesligaspiel der zweiten Mannschaft gegen den Storkower SC. Der Endstand von 1:3 war bereits hergestellt, als sich in der 72. Spielminute Pfosten und Latte eines Tores voneinander lösten.

Und während die Gastgeber weder Zugang zu ihren Werkstatträumen hatten, noch einen Verantwortlichen fanden, der sich der Sache hätte annehmen können, griffen die Gäste in ihren Allzweck-Medizinkoffer und verarzteten den offenen Bruch mit reichlich Sanitätsband.

Nach 25 Minuten konnte das Spiel schließlich zu Ende gebracht werden. Selten war ein Auswärtssieg verdienter.

Juist
und der
Weltrekord

Das Leben ist eine Insel. Zumindest beim TSV Juist. Denn der Verein aus der Ostfrieslandstaffel C hat unter seiner Lage durchaus zu leiden. Die Gezeiten sind das Problem. Die lassen nur einen eingeschränkten Fährbetrieb zwischen Juist und Festland zu und sind oftmals nur schwer mit dem Spielplan vereinbar. Und so kam es schon in der Vergangenheit immer mal wieder vor, dass die Mannschaft gleich zwei Spiele hintereinander absolviert hat.

Irgendwann war selbst das nicht mehr genug. In Abstimmung mit dem Verband lud der Klub zu gleich drei Partien an einem Tag. Eine Mammutaufgabe, bei der zumindest die Floskel der notwendigen Kadertiefe endlich einmal Realität wurde. Einzig der Torhüter absolvierte die kompletten 270 Minuten des Fußballmarathons.

Und trotz Rotation stieß der 25-Mann-Kader offensichtlich an seine Grenzen. Während das erste Spiel gegen den SV Komet Walle noch mit 4:0 gewonnen wurde, setzte es anschließend ein 0:5 gegen SuS Frisia Norddeich und ein 1:4 gegen den SV Leezdorf II.

Niederlagen, die zu verkraften sind. Denn der TSV Juist hielt sich trotz des gesteigerten Schwierigkeitsgrades souverän im Mittelfeld der Tabelle. Und kostete vom Ruhm. Denn der Dreifach-Spieltag fand alsbald Eingang ins Guiness-Buch der Rekorde.

Weißbier kontra Wechsel

Man muss sich Dennis N. als glücklichen Menschen vorstellen. Da knipst der gelernte Mittelfeldspieler, weil er während der Saison zum Stürmer umfunktioniert wurde, mal eben 17 Buden in 21 Saisonspielen und sich selbst damit an die Spitze der Torjägerliste in der Bayernliga Süd. Weshalb ihn in der Winterpause höherklassige Teams umschwärmten wie Motten das Licht. Doch N. zuckte ob der Verlockungen wie ein Blinder bei der Backpfeifen-Weltmeisterschaft – überhaupt nicht.

Denn es gefiel ihm in Garching, beim VfR und seinen Jungs. Und irgendwie war es auch ganz praktisch, während seines noch laufenden Studiums einen sicheren Heimathafen zu haben. Aber am wichtigsten, so schien es, war etwas anderes. Denn N. schielte auf die Torjägerkrone. Warum, wird schnell klar, wenn man den dafür ausgelobten Preis betrachtet: 15 Kästen Weißbier. Dass das doch ein »rauschendes Kabinenfest« gäbe, befand der Knipser N. Wechsel also ausgeschlossen.

Ist eben alles eine Frage des richtigen Ansporns.

Ein Sch*** auf unsr'en Busfahrer

Aus der Reihe »Suboptimale Spielvorbereitung«: SC Schwaz. Der österreichische Regionalligist musste am letzten Spieltag der Saison beim bereits abgestiegenen FC Bizau antreten. Es hätte der entspannte Ausklang einer soliden Saison werden sollen. Es wurde ein Höllentrip.

Zuerst gab der Mannschaftsbus den Geist auf. Und da auf die Schnelle kein Ersatz zu finden war, hieß es ausharren. So warteten die Spieler geschlagene 90 Minuten auf die Weiterfahrt – mit dem Linienbus. Der tat sein Bestes, gegen die verlorene Zeit anzurasen, und sorgte damit vor allem für eines: Übelkeit. Denn mehreren Spielern kam in der Folge der rasanten Fahrt das Mittagessen wieder hoch.

Und trotz großzügig nach hinten verlegter Anstoßzeit ging das Spiel schließlich und fast zwangsläufig mit 1:3 verloren. Im Nachgang fand immerhin die Facebookseite des SC Schwaz zum Schmäh zurück und konstatierte gelassen: »Das Glück ist ein Vogerl.«

Beziehungsweise ein defekter Bus.

Ordnung ist das halbe Heimspiel

Im Fußball geht doch nichts über eine akribische, auf den Punkt ausgerichtete Spielvorbereitung. Auf den Gegner zugeschnittenes Training unter der Woche, Gegneranalyse und ein Team, das dem Sport alles unterordnet? Wichtig, wichtig, wichtig! Das weiß man auch bei der dritten Mannschaft des DJK TuS Stenern aus der Kreisliga C, Rees-Bocholt.

Dort hieß es vor Beginn einer Partie im dazugehörigen Liveticker: »Weitere brisante Details vor Anpfiff: Der Trainer der Gastmannschaft erscheint aufgrund übermäßigen Alkoholkonsums erst 15 Minuten nach der vereinbarten Uhrzeit am Treffpunkt.«

Vater und/ gegen Sohn

Familientag in der Kreisliga Passau. Beim Spiel der zweiten Mannschaft der DJK Haselbach bei der SG Thyrnau/Kellberg II standen gleich drei Familienbanden auf dem Platz und damit im Fokus: »Alois K. (51) lief zusammen mit Sohn Matthias (21) auf, genauso wie Wolfgang H. (50) und sein 19 Jahre alter Marco. Das dritte Gespann aus Papa Herbert K. (48) und Sohnemann Manuel (17) wurde nur dadurch verhindert, dass Letzterer in der Ersten der Haselbacher ran durfte«, hieß es in der Lokalzeitung. Und dennoch hatte die Begegnung für alle Freunde eines gepflegten Dreiers ein Happy End im Köcher.

Denn auch Haselbachs Mittelfeldspieler Timmy M. (33) wanderte nicht allein übers Grün, sondern unter den gestrengen Augen von Schiedsrichter und Papa Frank. Der übrigens ließ sich nichts anmerken und »beschenkte« die Mannschaft seines Sohnes mit einer Gelb-Roten Karte sowie einem Elfmeter.

Und da fragt man sich noch, woher TV-Sendungen wie »Familien im Brennpunkt« fortwährend ihre Protagonisten beziehen.

Wenn der Vater
MIT
dem Sohne

Doch es geht auch anders, nämlich gemeinsam. Wie im Fall der Familie C. in Diensten des SV Baris Delmenhorst aus der Kreisliga Oldenburg. Sohn Mert C. machte in der Nachspielzeit der Partie gegen den TSV Großenkneten den Anfang und handelte sich nach Bilderbuchsense die Rote Karte ein.

Was seinen ebenfalls auf dem Platz weilenden Vater gegenüber dem Schiedsrichter zu der höflichen Nachfrage verleitete, ob dieser »noch alle Tassen im Schrank« habe. Der wiederum fand darauf prompt eine eindeutige Antwort und schickte auch Papa C. vorzeitig vom Platz.

Ein Gutes hatte der doppelte Abgang: Die beiden konnten sich in der Umkleide und noch vor allen anderen in aller Ruhe zum 5:3-Erfolg gratulieren.

Geht doch.

Angola sehen und
Stendal

Hier ein Transfer aus der Kategorie »Fantasie, 1000«: Es geht um Daniel U., der einst beim 1. FC Lok Stendal in der Verbandsliga Sachsen-Anhalt anheuerte. Wobei weniger verwunderte, dass ein Spieler, der einst für Hertha BSC in der A-Junioren-Bundesliga auflief, genug hat vom Karriereslalom und nun dorthin zurückkehrte, wo alles begann.

Sondern vielmehr, von welchem Verein es U. zurück in die Heimat gezogen hat: Académica Petróleos Clube do Lobito (kurz: AC Lubito). Der Klub aus der ersten angolanischen Liga lockte den Flügelstürmer im Dezember 2014 nach Südwestafrika. Und hatte leichtes Spiel, wie der Spieler selbst sagte: »Weniger das Geld hat mich gereizt, dorthin zu wechseln. Ich wollte die Welt sehen und habe mich auf das Abenteuer eingelassen.«

Doch das Abenteuer wurde bald zum Ärgernis. Obwohl er sich im Team gut aufgenommen fühlte, war das Kapitel Angola bereits nach wenigen Monaten wieder beendet. Andauernde Probleme mit dem Arbeitsvisum gesellten sich zu kruden Forderungen der Vereinsführung.

So sollte er plötzlich 1.500 Dollar zahlen, um auflaufen zu können. Eine Gemengelage, die U. nicht nur aus Angola vertrieb, sondern auch seine Lust am Fußball. Doch zum Glück entdeckte Stendals Trainer Sven K. seinen inneren Oliver Kahn und bohrte bei U. immer wieder nach. Weiter und weiter. Bis der sich schlussendlich entschied, die Töppen vom Nagel zu holen.

Womit einmal mehr bewiesen ist, was noch nie ein Mensch behauptet hat: Angola ist nicht das Ende der Welt. Und der Amateurfußball rettet (Fußball-)Leben.

VOR-STAND

Ein König ist ein König ist ein König. Ganz egal, wie groß sein Reich. Ganz egal, wie schön sein Reich. Ganz egal, wie bedeutend sein Reich.

Über 27.000 Fußballvereine gibt es in Deutschland. Und damit über 27.000 Präsidenten und Vorstände, über 27.000 Könige. Abseits des (großen) Geldes, abseits jeder Professionalität. Die einen verwalten das Chaos, die anderen den Mangel. Die einen verwalten die Hoffnung, die anderen die Utopie. Sie alle verwalten ihr ganz eigenes Königsreich. Das zumindest für sie das wichtigste ist auf der Welt. Denn es ist ihre Welt.

Sie träumen von heldenhaften Aufstiegen und unwahrscheinlichen Klassenerhalten. Von Kreis- bis Landespokalen. Sie träumen vom Sponsorendeal der lokalen Wirtschaftsgröße, vom glücklichen Händchen bei der Trainerwahl oder der Unterstützung durch die Lokalpolitik, wenn es darum geht, aus dem Ascheplatz, der noch Spuren des Holozäns in seinem Granulat konserviert, einen hochmodernen Hybrid-Rasenplatz zu zaubern, von dem der DFB, dieses Quasi-Parlament der deutschen Fußball-Königshäuser, der am Ende doch nur sein eigenes Reich im Reiche ist, in seinen Hochglanz-Werbebroschüren schwärmt, wenn er mal wieder behauptet, er würde so viel für seine Basis tun.

Ein König ist ein König ist ein König. Der von seinen Untergebenen, seinen Beratern und Claqueuren als der wichtigste Mensch der Welt angesehen wird. Denn auch ihre Welt, das ist das Königreich.

Und so sitzen sie beisammen, der König und seine Untertanen, und besprechen und handeln im Sinne des zukünftigen Glücks. Von außen betrachtet mag das seltsam bis hochnotpeinlich erscheinen. Die Ernsthaftigkeit, mit der sich Vertreter des 1. FC Großhinterdorf während ihrer Sitzungen der Frage hingeben, ob für das kommende Heimspiel gegen Vorwärts Unterstadt nun besser nur ein oder doch gleich zwei Bierstände zu bewirtschaften seien. Die komische Aufregung, die sie darüber an den Tag legen, dass der Reporter der Lokalzeitung die Anschaffung des neuen Aufsitzrasenmähers nicht gebührend erwähnt hat. Die stete Selbstversicherung des eigenen Handelns, der eigenen Wichtigkeit.

Ein König ist ein König ist ein König. Von Stadt zu Stadt, von Verein zu Verein. Dem sie dienen. Für den König von allen: König Fußball.

Schatten an der Spitze

Man kann es schwer haben. Und man kann es sich schwer machen. Eindeutig Fan der zweiten Option sind offenbar die Verantwortlichen des SSV Wurmannsquick(!). Denn diese entschieden sich einst, zur neuen Saison auf einen neuen Trainer zu setzen. Und das, obwohl der Klub die Kreisklasse Eggenfelden zur Winterpause von der Sonnenbacke der Tabelle grüßte. Mit einem satten Punktepolster von: eins.

Doch Tabellenführung und »grundsätzlich gute Arbeit« hin oder her, SSV-Abteilungsleiter Michael W. und Kollegen würfelten sich ein Full House und den Trainer perspektivisch vor die Tür. Und wie reagierte Joschi G., Trainer und Auslaufmodel? Auf die einzig vernünftige Art und Weise! Er wartete den Trainingsauftakt zur Rückrunde ab, ließ die Spieler noch ein letztes Mal nach seiner Pfeife tanzen und verkündete dann dem verdutzten Vereinsvorstand seinen sofortigen Rücktritt.

An seinem taktischen Geschick kann die beschiedene Trennung also nicht gelegen haben.

Der Verbandsliga-HSV

Der Hamburger SV kommt schon mal auf sieben Übungsleiter in zwei Jahren. Gönner mögen das als anpassungsfähig abfeiern. Spötter nennen es amateurhaft. Dass sie damit recht haben könnten, beweist der SV Schackendorf aus der Verbandsliga Süd-West in Schleswig-Holstein.

Doch anders als in Hamburg gehen die Übungsleiter des Verbandsligisten zumeist von allein. Angefangen hatte alles mit Ex-Profi Dietmar Hirsch, der sich nach dem Erwerb seiner Fußballtrainerlizenz für höhere Aufgaben gerüstet sah und beim VfB Oldenburg in der Regionalliga Nord anheuerte. War dieser Schritt noch verständlich, wurde es danach regelrecht wild.

Denn alle sechs Trainer, die sich danach am Hirsch-Erbe versucht hatten, räumten ihren Posten mehr oder weniger zeitig und vor allem freiwillig. Dabei lesen sich die Gründe dafür wie ein Best-of der Unmöglichkeiten: »Unruhe von außen«, »fehlende Einstellung der Spieler« oder gar »Handgreiflichkeiten gegen den Trainer« standen da zu Buche.

Umso erstaunlicher, dass der SV Schackendorf immer wieder im Mittelfeld der Tabelle landete.

Das kennt man beim HSV so nicht.

Hammer in Hamm

David Odonkor war ein entscheidender Bestandteil des Sommermärchens von 2006. Seine Flanke auf Oliver Neuville in den Schlussmomenten des Gruppenspiels gegen Polen brachte erst den Sieg und dann die ganz große Euphorie. Und so schnell, wie Odonkor seinerzeit auf dem rechten Flügel die Linie entlangsprintete, zog er auch in den Amateurfußball ein. Ein Protokoll:

- Februar 2015: Anstellung als Trainer beim TuS Dornberg, Westfalenliga
- Mai 2015: Rücktritt als Trainer beim TuS Dornberg, Westfalenliga

Mal wieder Zeit, dass sich was dreht, dachte sich da wohl der Fußballgott und laserte einem seiner Lieblingskinder bald neue Stichpunkte in den Lebenslauf:

- 27. Oktober 2015: Anstellung als Sportlicher Leiter bei der Hammer SpVg, Oberliga Westfalen
- 8. November: Anstellung als Interimstrainer bei der Hammer SpVg, Oberliga Westfalen
- 9. November: Rücktritt als Interimstrainer bei der Hammer SpVg, Oberliga Westfalen

Und wie das so ist, wenn es schnell gehen muss, war zumindest die Interimsnummer irgendwie nur ein großes Missverständnis. Gut, der Verein hatte die Inthronisierung Odonkors auf seiner Homepage vermeldet. Aber das heißt ja noch lange nicht, dass Odonkor davon etwas wissen muss. So schien es zumindest. Denn auf Nachfrage erklärte Odonkor so hurtig wie eh und je, er arbeite weiterhin ausschließlich als Sportlicher Leiter; das Training leite der bisherige Co-Trainer des kurz zuvor entlassenen Chefcoaches Oliver G.

Sah dann irgendwann auch der Verein ein und verkündete kleinlaut: »Im Laufe der ungezählten Telefonate, die geführt wurden, ist das umentschieden worden. Die Entwicklung hatte so eine Dynamik bekommen, war so schnell geworden, und diesem Umstand ist die Änderung jetzt geschuldet.«

Aber sollen sie uns doch erzählen, was sie wollen. Für uns WAR Odonkor Interimstrainer der Hammer SpVg. Und als solcher: ungeschlagen.

Motivation
à la Kreisliga

Der DJK RSC Essen spielte einst in der Kreisliga A. Dann folgte der Abstieg. Denn die Truppe war so etwas wie der Stressball der Liga und kassierte eine Tracht Prügel nach der nächsten. 15 Spiele, 1 Punkt und 9:121 Tore lautete die bittere Saisonbilanz alsbald. Immerhin in Sachen Ursachenfindung war der Klub ganz weit vorn dabei. Am Trainer lag es schon mal nicht, wusste der kommissarische Sportliche Leiter des Vereins, und sagte mit voller Überzeugung: »Uns würde auch kein Pep Guardiola helfen.«

Aber woran lag es dann? Klare Antwort: »Mit dieser Mannschaft haben wir keine Chance.« Irgendwie erfrischend, diese Ehrlichkeit. Aber vermutlich auch eher kontraproduktiv. Ahnte auch die Vereinsführung: »Vor dem nächsten Spiel wird es schwer, elf Mann zusammenzubekommen.«

Und das nach dieser motivierenden Ansprache?!

Der Präsident und die Spontan-Erkrankung

Aus dem »Knigge für Zampanos«: Martin F., Präsident des SC Pfullendorf aus der Oberliga Baden-Württemberg. Der kündigte an, für eine weitere Amtszeit nicht kandidieren zu wollen, nachdem er bei der jährlichen Mitgliederversammlung nur äußerst knapp entlastet wurde – 38 Ja-Stimmen standen satte 35 Nein-Stimmen gegenüber, bei zehn Enthaltungen.

Also sammelte sich F., horchte in sich hinein und befand spontan und aus »gesundheitlichen Gründen«, auf eine weitere Kandidatur verzichten zu wollen. Da aber auf die Schnelle niemand sonst zur Wahl antreten wollte, blieb er vorerst dennoch im Amt – Gesundheit hin oder her.

Dabei gab es durchaus gute Gründe, den Präsidentenposten zu räumen. Denn, Achtung Pointe: 28 der 35 Nein-Stimmen kassierte F. von der versammelten ersten und zweiten Mannschaft des Klubs, dessen Wortführer gute Argumente vorzubringen wusste: »Die meisten Spieler haben kein Geld mehr erhalten. Warum spricht der Vorstand von einer schwarzen Null im Kassenbericht, wenn wir seit einem halben Jahr kein Geld mehr kriegen?«

Gute Frage. Kann einem schon mal an die Nieren gehen.

Aufstieg dank Bahn

Auf die Bahn meckern, gehört zum guten Ton. Wenn der ICE nach 700 Kilometern quer durch Deutschland auch nur eine Minute Verspätung hat, stimmen die Reisenden gleichsam den »Typisch-Bahn-Kanon« an. Kommt es zu größeren »Verzögerungen im Betriebsablauf«, vielleicht wegen eines »Personenschadens« oder weil es in der Nacht gehagelt hat wie seit 100 Jahren nicht mehr, erzählen sich die Leidensgenossen ihre schlimmsten Erfahrungen.

Dass die absolute Mehrheit aller Züge und Tag für Tag so pünktlich und genau fährt wie ein Schweizer Uhrwerk? Dass dem großen Bruder der Bahn, dem Flugzeug, aus bisher ungeklärten Gründen fast jede Verspätung nachgesehen wird? Geschenkt. Die Bahn ist die Bahn ist scheiße. Immer. Also fast. Denn auch das negative Narrativ kennt Ausnahmen. Wie der Fall des TSV 1860 Rosenheim beweist.

Vor dem Relegations-Rückspiel zur Regionalliga war in Sachen Anreise vieles auf Kante genäht. Besonders, weil acht Spieler Rosenheims nicht nur im Aufstiegsrennen, sondern auch mitten im Abiturstress waren. Und weil man zwar für das Leben lernt, und eben nicht für die Schule, und weil die aber trotzdem wichtig ist, konnten die Jungs erst am Spieltag nach Aschaffenburg reisen.

Ein solider Plan mit nur einem Haken – der Zug, der sie auf einer ersten Etappe von Rosenheim nach München bringen sollte, kam und kam nicht. Rosenheims Manager reagierte prompt und entschlossen und orderte ein Großraumtaxi, mit dem seine Spieler die erste, 70 Kilometer weite Strecke hinter sich brachten.

Weil es nach Aschaffenburg dann allerdings wiederum gut 350 Kilometer sind, war das Taxi nur zeitweilig als Mittel der Wahl auserkoren. Also rief Manager K. bei der Bahn an und bat eindringlich darum, den ursprünglich nach Aschaffenburg gebuchten und nunmehr kaum noch zu erreichenden Zug in München aufzuhalten.

Und siehe da, die Bahn tat tatsächlich wie gebeten, die vom Abitur geplagten Jungspunde kamen rechtzeitig zum Spiel und die Mannschaft gewann mit 1:0, was nach dem 0:0 im Hinspiel zum Aufstieg reichte.

Die Bahn ist eben der Amateurfußball unter den Fortbewegungsmitteln. Nicht immer perfekt, aber die Einstellung stimmt.

Die Gewaltmeister

Viele Wege führen nach Rom. Und auch der sportliche Erfolg kennt mehr als nur eine Formel. Man kann sich auf die individuelle Klasse seiner Einzelspieler verlassen, im griechischen Stil à la Otto Rehhagel über eine Defensive aus Betonimitat oder mit taktischer Finesse und einer einstudierten Offensivleistung zum Erfolg kommen.

Oder man macht es wie der Kreisligist BV Altenessen II und holt sich die Meisterschaft, indem man Angst und Schrecken verbreitet.

Alle 14 gegnerischen Teams der Liga beschlossen ab Dezember der Saison 2014/15, nicht mehr gegen die Altenessener Zweitvertretung anzutreten, einzig und allein, weil sie auf das brutale Auftreten der Mannschaft keine Lust mehr hatten.

Und so spazierte der Klub vom 17. bis zum 30. Spieltag der Saison von Sieg zu Sieg – ohne auch nur ein einziges Mal antreten zu müssen.

So gewann der Klub die Meisterschaft am Ende mit 15 Punkten Vorsprung. Und verzichtete dennoch auf eine Meisterfeier. Denn, so Altenessens sportlicher Leiter Walter M.: »Wir sind zwiegespalten. Aber andererseits lehnt man einen Aufstieg auch nicht ab.«

Hätte sich auch vermutlich niemand gefunden, der sich einen Einspruch gegen diese zweifelhafte These zugetraut hätte.

Alternative Kreisliga

So willig die Spieler und Trainer auch sind, manchmal lässt sich einfach nichts machen, manchmal fallen Spiele den Launen der Natur zum Opfer. Dann gilt es, einen ruhigen Kopf zu bewahren und nach gescheiten Alternativen Ausschau zu halten. Nach einer Trainingseinheit in der Halle zum Beispiel. Einer Mannschaftsbesprechung vielleicht. Oder man lässt den Fußball wenigstens einmal Fußball sein und besinnt sich auf die Grundbedürfnisse des Menschen. So wie in der Kreisliga D in Nordrhein-Westfalen, wo es zu folgender Absage kam:

> »Das Spiel des FC Weidenhausen gegen den FC Laasphe fällt witterungsbedingt aus. Stattdessen findet in Weidenhausen ab 12 Uhr ein Frühschoppen statt.«

Das Ergebnis dieses Duells ist leider nicht überliefert. Man darf aber getrost davon ausgehen, dass es zweistellig wurde.

Vereine

SG Höcking/Ganacker 66
SG Hoechst 136
SG Issel 44
SG Milz/Eicha 123
SG Pölich-Schleich 44
SG Seehausen 10
SG Sonnenstein 131
SG Sorga/Kathus 94
SG Steinau 08 24
SG Thyrnau/Kellberg 146
SG Westerburg 53
SK Jenbach (Öster-
reich) 76
SPV 05 Nürtingen 15
SpVg Schonnebeck 119
SpVgg Burgbrohl 130
SSV Dillenburg 58
SSV Jeddeloh II 20
SSV Markranstädt 11
SSV Witzenhausen 72
SSV Wurmannsquick 151
Storkower SC 141
SuS Frisia Norddeich 142
SuS Langscheid/Enk-
hausen 83
SuS Neuenkirchen 110
SuS Neunkirchen 09 104
SV 08/29 Friedrichs-
feld 75
SV 90 Pinnow 51
SV Alemania Kamp 68
SV Baris Delmenhorst 147
SV Blitzenreute 56
SV Bruchenbrücken 60
SV Deilinghofen-
Sundwig 54
SV Diamantene Aue Ring-
leben 10
SV Duissern 74
SV Eichede 32, 89
SV Einheit Bernburg 61
SV Epterode 72
SV Falke Rosenthal 132
SV Gaukönigshofen 49
SV Gelchsheim 49
SV Gescher 45
SV Godorf 114
SV Gremberg-Hum-
boldt 93
SV Haimhausen 88

SV Komet Pennigbüttel 26
SV Komet Walle 142
SV Kottgeisering 46
SV Leezdorf 142
SV Merkur Hademar-
schen 40
SV Neuringe 1961 99
SV Niederroth 88
SV Oberbilk 80
SV Pfrondorf 135
SV Rhenania Bottrop 119
SV Ruppertshain 120
SV Schackendorf 152
SV Schalding-Heining 30
SV Sparta Lichten-
berg 138
SV Steinfurth 60
SV Süptitz 11
SV Türkgücü Ippes-
heim 91
SV Union Gurk 129
SV Weil 64
SV Wörgl (Österreich) 76
SV Wurmlingen 135
SVGO Bremen 38
SVN Zweibrücken 130
TFC Köln 93
TSB Flensburg 89
TSG Deidesheim 14
TSG Seckenhausen-
Fahrenhorst 101
TSV 1860 Rosenheim 156
TSV 1861 Bad Tenn-
stedt 131
TSV Amicitia Viern-
heim 52
TSV Benningen 35
TSV Berkheim 71
TSV Bernhardswald 47
TSV Bicken 58
TSV Brunnthal 19
TSV Groß Schneen 31
TSV Großberg 47
TSV Großenkneten 147
TSV Harthausen 71
TSV Hengersberg 107
TSV Juist 142
TSV Kastl 124
TSV Künzell 24
TSV Kusey 105

TSV Lehnerz 27
TSV Marl-Hüls 127
TSV Ötlingen 15
TSV Sparkasse Pöllau
(Österreich) 122
TSV Trieb 133
TSV Weyarn 18
Türk Genclerbirligi Günz-
burg 102
TuS Bad Gleichenberg
(Österreich) 122
TuS Dornberg 153
TuS Drevenack 118
TuS Haren 99
TuS Kochstedt 97
TuS Nieder Ochten-
hausen 62
TuS Rahm 139
TuS Schwachhausen 37
TuS St. Martin 14
TuS Wagenfeld 125
TV Braach 33
TV Bunde 140
TV Herkenrath 126
TV Kapellen 68
TV Stemmen 26
VfB Concordia Britz 65
VfB Neugattersleben 61
VfB Speldorf 82
VfL Rheingold Poll 55
VfL Wallhaben 39
VfR Alsheim 36
VfR Garching 143
VfR Mannheim 52
VSG Weißensand 133
Wacker Mecklenbeck 106
Wandsetal 103